Dedicatoria

Dedico este libro a mis hijos Javier y José, para que crezcan con buenos valores y sean siempre hombres de palabra y con moral. También lo dedico a mis ex parejas que fueron un cien por ciento patanes, que no valoraron mis cualidades y menospreciaron mi amor y dedicación. Les agradezco porque me sirvieron de inspiración para escribir este libro, me ayudaron a valorarme y amarme cada día más. Gracias a ellos he descubierto mi fortaleza, he desarrollado grandes proyectos y he alcanzado mis metas.

Agradecimiento

Le agradezco a mi madre por su apoyo y ayuda durante la realización de este libro. Gracias a su dedicación este libro es una realidad.

Índice

Introducción

Este libro no habla de los hombres, esos que han tomado su responsabilidad de padres y compañeros bien en serio. No habla de hombres que han amado sincera y honestamente. No habla de hombres comprometidos con los sentimientos de su pareja y decididos a no hacerla sufrir. No habla de hombres que cooperan y convierten una relación en un equipo. No habla de hombres que aceptan cuando se equivocan y hacen todo lo que pueden para que la relación funcione. No habla de hombres que te aceptan como tú eres y te valoran por tus sentimientos, no por el tamaño de tu trasero o lo abundante de tu cuenta de banco. No habla de hombres trabajadores y buenos proveedores, que saben separar su trabajo de su vida personal y balancear su vida. No habla de hombres que ven a sus hijos como una bendición y se involucran con ellos más allá de pasar una pensión alimenticia mensual. No habla de hombres fieles y leales, a pesar de tener amigos presionándoles y a una "reina de belleza" incitándoles. No habla de hombres honestos que aceptan cuando se han enamorado y defienden ese amor sin titubear. Para ellos no hay que escribir un libro, sino para sus parejas, para que los sepan cuidar.

Todas quisiéramos un hombre, no un hombre perfecto, porque sabemos que no existen; pero sí queremos un hombre con altos valores morales. Deseamos un hombre que no nos haga sufrir, sino que nos haga felices y esto no es imposible, aunque los patanes piensen lo contrario. Aún en nuestro mundo quedan hombres buenos, pero son muy escasos y hay que buscarlos con lupa. Como dice mi madre, "el diablo siempre da primero." Este libro no está dirigido a los hombres pues ellos saben muy bien cual es su rol.

No todas las mujeres tienen la suerte de encontrar a un hombre que les haga felices, pero todas en algún momento nos hemos topado con varios que han llegado para hacernos bien infelices. Estos no son hombres, son patanes. Debo reconocer que me he enamorado de algunos patanes, unos más patanes que otros. Debo decir también que me costó algo de trabajo y tiempo reconocerlo. Descubrí que hay muchas clases de patanes en este mundo.

Este libro está pensado, escrito y dedicado exclusivamente para los patanes. Sobre todo a esos patanes que no son fácilmente distinguibles, pues creo que cualquier mujer que se ama a sí misma y se valora trata de alejarse por todos los medios de alguien así. Nadie quiere andar tropezando y provocándose heridas. De lo contrario, si lo desea, necesita ayuda psicológica inmediatamente. Este libro es dedicado a mujeres que quieren dejar de sufrir y de equivocarse con los patanes. Está dirigido a mujeres que quieren sanar sus heridas para encontrarse a sí mismas y ser felices con alguien que las valore por lo que son, las respete en todo momento y las ame sin condiciones.

En este libro me refiero más bien a esos patanes bien disfrazaditos que llevan la "musiquita" por dentro y una apariencia de piedad y de víctimas dolidas con el fin de sacar provecho de nuestro amor por ellos. Estos que saben muy bien cuándo y dónde jugar sus "obritas" y tú ni siquiera te enteras. Hablo de este tipo de patán profesional o en proceso de serlo, con apariencia correcta y gentil, de buena presencia, que parece estar muy centrado y con planes bien trazados hacia el futuro. A primera vista parece que el cielo se abrió, se acordó de nosotras y nos dejó caer un ángel. Creemos erróneamente haber ganado el premio mayor de la lotería y es entonces cuanto caemos en la trampa. Tal vez lo buscaste a él, tal vez te buscó él a ti. ¡Qué importa! Lo que si debe importarte es que ese chico que está al frente tuyo no sea el próximo patán que intente jugar con tus sentimientos.

Existen algunas señales que ellos nos muestran, pues lo de patanes no pueden llevarlo tan escondido por más que lo intenten. Lo que sucede es que no vemos las señales que ellos nos envían porque nos cegamos al sentirnos enamoradas. Como dice la canción de Shakira: te pones "bruta, ciega, sordomuda, torpe, plasta y testaruda" y no tomas los consejos que otras personas te dan para alejarte de los patanes. Las personas que están a nuestro alrededor al no estar idiotizadas por el amor, pueden percibir las señales que los patanes nos envían.

Los patanes, como criminales en serie, tienen un patrón, pueden tener una que otra diferencia, pero en su mayoría mantienen las mismas características y conducta. Nosotras sólo necesitamos tener los ojos bien abiertos y descubriremos sus señales. Y dirás: "si claro, como si fuera tan fácil descubrir esto." Es cierto, no es nada fácil. Me he enamorado de algunos a los que llamaré "ciento por ciento patanes" y los cuales me han inspirado a escribir este libro para ayudarte a identificarlos e intentar que no cometas el error de caer en sus trampas como me ocurrió a mí.

Más adelante te mostraré cada una de las definiciones y características de un patán. Te sorprenderás de cuántas tienen, léelas y analízalas con cuidado, para que nunca más seas engañada. No es bueno que termines en la oficina de un terapeuta esperando ser psicoanalizada para comprender porque ese patán no te trató como la dama que eres. ¿Alguna vez has tenido que llamar a tu mejor amiga a las dos de la mañana para que te escuche mientras repites lo mismo más de tres veces, ahogada en llanto al punto que la pobre apenas te puede entender? ¿Te has visto tratando de remendar los pedacitos rotos que quedan de lo que un día fue tu corazón?

Quiero ayudarte a identificar a los patanes, alejarte de ellos y lo mejor de todo, enseñarte a patearlos para que nunca más jueguen contigo.

¡No me has vencido!

¡Qué tonta he sido!
¡Dejé todo por seguir contigo,
por hacer realidad ilusiones y sueños,
que no compartirías conmigo!

¡Qué tonta he sido!
¡Di cuánto tenía y
detuve mis sueños,
para volar tras los tuyos, incumplidos!

¡Qué tonta he sido!
¡Te ofrecí todo mi amor,
y de ti nunca nada,
ningún bien he recibido!

¡Qué tonta fui!
¡Qué tonta he sido!
¡Qué mucho te creí!
Más escúchalo muy bien.
¡Aún no me has vencido!

Liz Aimeé Hernández

Capítulo 1: ¿Qué es un patán?

Cuando me surgió la idea de escribir este libro, sabía exactamente todas las cosas que me disgustaban de mis ex parejas. Estaba enfurecida y dolida al reconocer que alguien a quien le había dado todo lo mejor de mí, no lo valoraba. Esos tipos me habían engañado y me daban solo migajas de su amor y de su tiempo, mientras me desvivía por hacerlos felices. Me preguntaba una y otra vez qué había hecho mal y por qué me sucedía esto. Había tantas palabras para describirlos y sin embargo, no conseguía la perfecta para el título de este libro. Quería poder describir todas sus cualidades en una sola palabra. Pero, ¿qué palabra sería esa? Pensé que nunca la conseguiría, busqué, busqué y busqué... y finalmente encontré la palabra perfecta, "**patán.**"

Patán es una palabra corta y hasta parece insignificante, pero es muy precisa, ¡es la palabra perfecta! El Diccionario de la Lengua Española define la palabra patán como: zafio y ordinario. Y tal vez pensarás, "¿Y?, ¡eso no me dice nada!" Pero cuando una continúa la búsqueda, El Diccionario de la Lengua Española da como sinónimos de patán las siguientes palabras: desleal, (que actúa sin lealtad), sin amor, sin fidelidad y sin honor. Traidor, de reacciones imprevisibles, más perjudicial de lo que parece. Lo describe como sin vergüenza, pícaro, bribón, que comete actos ilegales en provecho propio. Añade que es ruin, despreciable, de malas costumbres. Malvado, bellaco, astuto, sagaz y difícil de gobernar. Y sigue diciendo el diccionario: vil, que falta o que corresponde mal a la confianza que en él se pone. Es perverso, que causa daño intencionadamente y que corrompe las costumbres o el orden y estado habitual de las cosas. Pero sobretodo es canalla, gente baja, persona despreciable y de malos procederes; según el diccionario. Pervertido, de costumbres o inclinaciones sexuales que se consideran socialmente negativas e inmorales. Irracional, que carece de razón. Salvaje, necio, terco y rudo. Patán significa también, vulgar, inculto, bestia, ignorante, tonto, persona pesada o molesta. Imprudente, porfiado en lo que hace o dice. Hablador, que habla mucho, con impertinencia y molestia de quien lo oye, que por imprudencia o malicia cuenta todo lo que ve y oye, fanfarrón, valentón y mentiroso. Indigno, es inferior a la calidad y mérito de alguien. Tosco, sin doctrina ni enseñanza. Infame, que carece de honra. Charlatán, que habla mucho sin sustancia, indiscreto, embaucador. Villano, descortés e indecoroso, y muchos más y si sigo no termino, pues patán tiene tantos significados y sinónimos que este libro no daría para poder cubrir cada uno de ellos. Sin embargo, el Diccionario de la Lengua Española no menciona que los patanes sean hombres amorosos, discretos, leales, fieles, honestos, dignos de confianza y respetuosos. No, ¿y sabes por qué?, porque estos son sus antónimos o sea todo lo opuesto a lo que es un patán. Entonces, ¿por qué si tienen cualidades tan negativas no nos dimos cuenta antes de cuán patanes eran? Esa es la pregunta que todas nos hacemos cuando terminamos con un patán.

La contestación es que los patanes no muestran a "priori" sus mañas, pues detrás de su apariencia de perfección hay una estrategia para obtener beneficios de nosotras. Su intención es beneficiarse tanto en el aspecto emocional, físico, económico o profesional, de status o por compañía, e incluso, para disimular sus fracasos en sus relaciones sentimentales previas. Disimulan también para conseguir alguien que les atienda, les sirva, e increíblemente, para ocultar sus preferencias sexuales, sus mañas, sus trucos. Hay muchos tipos de ventajas que ellos pueden obtener manteniendo las apariencias. Debido a que existen diferentes tipos de patanes, las ventajas que buscan van a variar y te mostraré más adelante los diferentes casos.

No importa cuáles sean los motivos de los patanes esto no les da derecho a utilizarnos. Por eso **Patea al Patán de tu vida**, te servirá de guía para identificarlos, sacarlos de tu vida y no permitir que vuelvan a utilizarte. De modo que, adelante, aprende a patear al patán de tu vida para siempre.

Capítulo 2: Las características de los patanes

Para poder prevenir que algo nos haga daño tenemos que saber exactamente a que nos enfrentamos primero, como es el caso de los tóxicos. Los tóxicos están a nuestro alrededor, por todas partes, en nuestra casa, en el trabajo, en los lugares de diversión, etc. Hay diferentes tipos de tóxicos, de diferentes marcas, precios y usos. Pero igual todos son sumamente peligrosos, por lo que en los trabajos y en otros lugares se nos orienta acerca de lo peligroso que es el contacto con los mismos. Se dan orientaciones para conocerlos, saber sus características, cómo distinguirlos, saber cuáles son sus efectos y como contrarrestar sus efectos nocivos si entráramos en contacto con ellos y como recuperarnos en caso de que estemos intoxicadas.

Este es el mismo caso de los patanes: son tóxicos, nos contaminan, alteran nuestro sistema, nos envenenan la mente y el alma. Deterioran y ponen en alto riesgo nuestra salud emocional, física y mental; pudiendo incluso, causarnos la muerte. Es por esto que necesitamos conocer todas sus características para poder identificarlos, reconocerlos y alejarnos de ellos. En caso de que ya estemos intoxicadas por ellos debemos saber cómo desintoxicarnos y no volver a cometer el mismo error.

¡Se sorprenderán de cuántas características tienen...!

Característica # 1: **¡Como sacado del cielo!**

Característica # 1: ¡Como sacado del cielo!

¿No te ha sucedido que cuando más segura estás de que debes darte un tiempo, alejarte de amores y pensar en ti misma, aparece el patán de no sabes dónde? Con su porte, su palabrería y su tarjeta de presentación, todo para impresionarte. Él llega, hace su aparición... Nunca lo habías visto, no planificabas conocerlo siquiera, pero él llega. Tal vez no es ni tu tipo, pero estás sola y no te agrada sentirte así. Tal vez aún estás dolida por una pasada experiencia y deseas probarte a ti misma, que no eres tú el problema, que te mereces otra oportunidad y te convences que tienes derecho a ser feliz. Estando él ahí, trata de impresionarte toda de un golpe. Trata de llamar tu atención con lo que puede hacer o es; con el puesto que tiene o dónde trabaja, con su auto o su tarjeta de presentación. Comienzan a salir; te lleva a restaurantes caros o fiestas con personas que él considera importantes.

Todo perfecto, todo de golpe y tú te lo estas creyendo. Te hace creer que está súper bien, estable: emocional, sentimental y físicamente. Te sientes feliz, estás impresionada, no ves ni un defecto en su forma de ser. Es dulce, comprensivo, te encuentra bella, te acepta como eres, se auto proclama fiel y sincero, se comunica a menudo contigo, te invita a lugares, te presenta a sus amigos y todo va a todo dar, perfecto.

La cuestión es que tú eres su "target", su objetivo inmediato y él es el "macho." Tiene que impresionarte para demostrar su "hombría." Te atacará con todo lo que tiene. Sacará sus mejores cartas, lanzará sus mejores apuestas. Sabes que no es perfecto y tal vez no sea tu tipo, pero promete ser un buen partido y te hace creer que tiene todo lo que necesitas. Nuestra falla es olvidar prestar atención a los detalles y ser más incrédulas. Si no te dejas llevar por tus emociones, te darás cuenta que sus conversaciones están cargadas de información que no necesitas. Parece un disco rayado que puede repetir de memoria, un discurso hueco que ya ha sido practicado antes con alguien más. ¡Claro! Pero en ese instante no lo notas, debes haber estado abrumada con tanta "postura" y "presencia"...con tanta baba!!!

El patán te muestra de golpe tantos atributos que te hace pensar que estás hablando con un verdadero hombre. Aunque sabes que nadie es perfecto, él hace todos sus esfuerzos por demostrarte que es perfecto para ti y se vuelve todo un derroche de virtudes. Ahora sí, piensas: "no hay razón en el mundo por la cual no pueda ser feliz con alguien así", "no hay razón por la cual equivocarse esta vez." "Él reúne todas las cualidades para ser mi gran amor, mi príncipe azul." "¿Qué podría salir mal con un hombre así?" – sigues ilusionando. ¡Ja! Esto es sólo el comienzo, pues ese fanfarrón que tienes al frente sólo busca embaucarte. Llenarte la cabeza de ideas que ni él mismo se cree, obtener lo que desea sin envolverse sentimentalmente y desaparecer de tu vida. Esa es su finalidad. ¡Cuidado! Si has decidido darte un tiempo, dátelo. Es mejor tomar las cosas con calma. Cuando no lo hacemos, entonces, es cuando comienzan nuestros problemas.

Tenemos que conocer bien
quién se nos acerca y
cuáles son sus intenciones
antes de abrir nuestro corazón a una relación
que nos abrirá una nueva herida.

Característica #2: ¡Lleno de sí mismo!

Característica #2: ¡Lleno de sí mismo!

No es difícil saber que alguien que trata de convencerte de golpe de sus "cualidades" está lleno absoluta y completamente de sí mismo. La mayoría, por no decir todas sus conversaciones están cargadas de sus experiencias: lo que él opina, lo que él desea, lo que no le gusta... él, él, él, él, él. Él es el artista de un monólogo casi perfecto y cuando crees que puedes aportar a la conversación, él evade la misma o decide que no quiere continuar hablando. Está tan lleno de sí mismo que sabes más información de él, que él de ti. ¡Claro! Sólo sabes las cosas que a él le conviene decirte, las más importantes no las sabrás, al menos por ahora. "Pero, ¡es que él es tan comunicativo!"- pensamos. Todo irá bien, a la perfección, siempre y cuando se hablen los temas que a él le agradan y que lo hagan sentirse bien. Temas en los cuales, por supuesto, su imagen no se vea afectada. No muestra mucho interés por tus cosas, ni por las cosas que te gustan, ni por tus familiares ni amigos. Olvida fácilmente lo que acabas de decirle o le dijiste hace unos cinco minutos. Sin embargo, está absolutamente prohibido que esto ocurra contigo. No puedes dejar de escucharlo o mostrar interés en lo que habla pues serías una tonta desconsiderada o una mujer nada sensible, incapaz de merecer su corazón y su esfuerzo de comunicarse efectivamente.

No sabe casi nada de ti, está centrado en sí mismo y si sabe algo es porque tú se lo has dicho múltiples veces, no porque realmente se haya interesado en descubrirlo. Incluso a veces cuando estás hablando hasta te interrumpe abruptamente y ni se molesta en disculparse. Pero esto no puede suceder cuando él está hablándote, porque entonces serás esa a la cual él no puede comentarle sus cosas porque "nunca escuchas."

No sabe grandes fragmentos de tu vida. Desconoce las fechas significativas e importantes para ti y tal vez descubras que ni sabe escribir o pronunciar tu nombre completo. Ni siquiera recuerda tu fecha de nacimiento, en cambio tú sabes hasta el tamaño de calcetines que él usa.

Sin embargo, todavía se muestra gentil, conversador y te muestra sus mejores atributos. Estás apenas comenzando a salir con él, así que todavía estará aparentando frente a ti, pues no querrá que huya su presa, o sea, tú. Pero, si estás bien atenta, el egocentrismo es una de las primeras cualidades que podrás notar en un patán.

Sólo podrá amarte verdaderamente
aquél que se ame primero a sí mismo
sin egocentrismos ni mentiras.

Característica # 3: ¡Eje central de la "relación"!

Característica # 3: **¡Eje central de la "relación"!**

No basta con haber sido abordadas y saturadas desde el principio con todas sus "cualidades", logros, sacrificios, sus habilidades para superar situaciones difíciles y obstáculos, bla, bla, bla...!

Aún, cuando estamos saliendo o compartiendo cada día más con los patanes, su tendencia es a hablar de ellos, de ellos, de ellos y solo de ellos. Si observas detenidamente notarás que hasta tu conducta se va modificando.

Lo más probable al principio lo escuchabas animadamente, con mucho interés y tratabas de integrarte a la conversación haciendo comentarios o compartiendo ideas. Pero, luego de un tiempo te vas cansando del monólogo. Como patán al fin, te escucha por un breve instante y luego te interrumpe para decirte "detente, que no he terminado", o "pero, escúchame, escúchame", lo que pronto te hará sentir incómoda.

Lo que el patán no nota, es que llevas más de hora y media haciendo sólo eso, escuchando. Supuestamente no les gusta hablar mucho... no; es cierto, no hablan mucho, (por no decir nunca), de cosas que los involucren a ambos, pero si hablan muchísimo de ellos.

Pueden estar horas muertas hablando de lo que han logrado, lo que se merecen, de lo admirados que son en su trabajo, de lo bien que resolvieron problemas difíciles y cómo otros los exaltan por sus "cualidades." Los patanes se autoproclaman a través de su conducta como ejes centrales de la relación. No hablan de sí mismos en forma objetiva, no entablan temas para saber qué, como pareja, ambos desean o qué pueden lograr juntos, porque en su mente no hay dos; solo uno: él.

"Nosotros", no es una palabra que esté en su vocabulario. Aniquilan nuestro interés poco a poco y se creen superiores a nosotras, que somos su pareja. Él nunca será el afortunado por tenerte a su lado. Eres tú la afortunada porque él se ha fijado en ti, habiendo tan hermosas mujeres que se mueren por él.

Él y todo lo que le rodea, será mejor que tú. ¡Claro! No te lo da a entender tan obviamente pues sabe que lo mandarás a volar en unos minutos. Los patanes te muestran su aparente superioridad cuando te tildan de brutas o te miran raro porque no sabes lo que es "prosciutto" o porque no has visitado algún lugar que él frecuenta con su club de patanes o tal vez porque cortas la carne de forma incorrecta. Su aparente superioridad es otra de las primeras cualidades que notarás en un patán. Solo existe él, primero, él, segundo él y tercero y todas las demás posibles posiciones serán aún ocupadas por su ego.

Ama solo aquél
que tenga espacio para amarte
a plenitud.

Característica # 4: "¡Me muero por estar contigo...es que me gustas tanto!"

Característica # 4: "¡Me muero por estar contigo... es que me gustas tanto!"

Como siempre, tú eres "la más bella", "la más sexy", "me muero de ganas por estar contigo", "eres súper inteligente", "sensual", "hermosa", "dulce", "mi universo", "lo que siempre había soñado" y la parte que no te dicen es, que todo esto es sólo hasta que te des la vuelta. Las mismas palabras que te dice a ti, se las dicen a muchas otras. Serás la más bella, la más hermosa, la más sexy y perfecta hasta que haya logrado su objetivo; meterte a la cama.

Los patanes sienten urgencia de tener algún contacto físico contigo aún cuando presientes que debes darte un tiempo, que no llevas mucho tiempo conociéndolo. A penas han salido un par de veces y comienzas a sentir la desesperación de él por tener "algo" contigo. ¡Claro! Para ese entonces él te hace creer: "eres tan bella, que no me puedo controlar." "Tienes tantas cualidades, que no me puedo contener." "Me vuelvo loco cuando estoy contigo." "Nadie me había hecho sentir así antes" y muchas otras tantas cosas que no son mentiras, porque en verdad eres súper especial, pero ellos utilizan estas verdades para embobarnos, dejarnos atontadas y ebrias de amor. Nos hacen creer que solo ellos lo notan, ningún otro patán. Obviamente estás herida, falta de amor y probablemente no escuchabas elogios como éstos hacía mucho tiempo. Crees que él es el único que piensa de esta forma, que nadie más había notado tantas cualidades en ti. Repiten lo mismo una y otra vez. Te suben a las nubes, todo con un mismo fin, llevarte a la cama. Tal vez, el patán está en esos días en que el tratamiento de sus propias manos no le resulta suficiente.

Los patanes son adictos al sexo, pero no todo el tiempo lo quieren hacer con su pareja. Les gusta perseguir emociones, les gusta la adrenalina de las conquistas y descubrir cuerpos nuevos. Les encanta la sensación que les produce la lujuria y la emoción de lo prohibido y por supuesto el sentirse muy machos al mentirte.

Los patanes se sienten con excusas suficientes para hacer el sexo en las primeras citas sin remordimiento, mientras nosotras nos sentimos horriblemente mal por el desliz. No queremos que ellos piensen que somos fáciles. Ellos juran que jamás nos han juzgado de fáciles, obviamente, hasta que salgas de su cama. No va a decirle a su nuevo bomboncito que es una "chica fácil", porque le quitarían el dulce antes de que siquiera le haya quitado la envoltura. Ahora, luego de varias salidas, oye bien, espera la pregunta: "¿Tú has hecho lo mismo en tus primeras citas con otros pretendientes? ¡Yo espero que no, porque los hombres pueden llevarse una mala imagen de ti, tú sabes!"

Y en estas primeras salidas tú eres la mujer perfecta, la cual él no sabe dónde estaba metida. Te dice lo feliz que se siente de haberte conocido y te hace sentir segura, bella y mujer, como nunca antes. Te atrapa psicológicamente. Te envuelve en sus palabras adornadas y te provee lo que en tu anterior relación tal vez no habías recibido y que él lo sabe, por tu reacción y porque tu dolor está a "flor de piel." Te hace sentir segura, hermosa, deseada, pues de esa forma te lleva de manera rápida a su cama y te hará creer que puedes confiar en él porque él no es igual a los demás.

No caigas en esa trampa enfermiza, el que realmente te ama estará dispuesto a someterse a tus condiciones o al menos aceptará que tienes los mismos derechos que él en lo que se refiere al disfrute sexual. Hazlo cuando tú lo desees, no cuando a él le convenga o a él se le antoje.

Ten intimidad
sólo cuando estés segura
de que no serás objeto carnal
de su deseo.

Característica # 5: "¡Mi amor, deberías cambiar...!" ¡La maldita comparación!

Característica # 5: "¡Mi amor, deberías cambiar...!" ¡La maldita comparación!

Esta característica de los patanes me mortifica muchísimo. Al principio se acercan a ti por tu forma de ser, tus cualidades y porque eres todo un universo de virtudes hecha mujer. Eres lo máximo, divertida, inteligente, hermosa, sensual, sexy y divina. Eres lo que él buscaba, tanto que según él le resulta difícil estar lejos de ti, dejar de admirarte o tacarte. Constantemente te dice lo dichoso que se siente de estar a tu lado, pero de repente un día parece que se cae de la cama y se golpea muy fuerte la cabeza y sin más comienza a verte aburrida, monótona, cantaletosa, no tan inteligente y para nada, igual de hermosa que antes. Entonces, comienza nuestro calvario, la comparación. Comienza a compararte con mujeres que él sabe que ni en sueños él va a poder alcanzar y que ni siquiera se atreve a abordar. A decir verdad, estas mujeres con las que el patán tanto sueña, no son nada del otro mundo. Resultan ser solo "pintura y capota", vacías, como ellos mismos. Son artificiales, huecas y jamás los han mirado con ojos de deseo como ellos quieren hacernos creer. Ellas no tienen nada para ofrecer, más allá de sexo sólo por dinero o por ambición. Ellas son sólo prototipo de su erróneo concepto de perfección.

Los patanes nunca están conformes, por lo que van a tratar de "mejorar" tu imagen. Comienza el "no te pongas tanto maquillaje", "esos colores de sombra no se usan ya", "no te pongas tantos accesorios", "deberías ponerte ropa más recatada", "debes secarte el pelo o cambiarle el estilo." Jamás te dirán directamente que te quieren cambiar, sólo quieren ayudarte a verte "mejor", pues según ellos "eres un diamante sin pulir." Con los patanes cuando no es una cosa es la otra, "deberías cambiarte el color del pelo, no sé, como que no va contigo", "te estás poniendo gordita", "antes estabas más flaca", "tienes que tratarte la cara, la tienes...no sé, tienes que darte un facial." Resulta ser que ahora ellos son profesionales en estética y nosotras "María, la del barrio."

Cualquiera diría que ante sus ojos dieron las doce de la media noche y desapareció el hechizo. Desapareció nuestro hermoso vestido de princesa, nuestra belleza se esfumó y nuestro carruaje se convirtió en calabaza; como una pesadilla. Tenemos que tolerar que nos critiquen y a cada momento vean nuestros defectos o mejor dicho que se los inventen. Sabemos que no somos perfectas, pero tampoco que traten de crearnos defectos que no tenemos para derrumbar nuestra autoestima. Y queriendo ser "bellas" nos sometemos a tres días intensivos de spa, gastando miles de dólares en tratamientos para complacerlos, de los cuales, por regla general ellos no pagan ni un centavo.

Los patanes tontamente se creen que las mujeres con las que tanto nos comparan son bellas por obra de la naturaleza. ¡Sí, claro! Cambiamos nuestra forma de maquillarnos, nuestro ropero completo, el color del cabello, la forma de peinarnos y cuando salimos a su encuentro, el patán nos encuentra otro nuevo defecto.

En cambio nosotras, no nos atrevemos a decirle que se inscriba de emergencia en un gimnasio, porque ya le anda haciendo las vacaciones a Santa Claus. No le decimos que se cambie el recorte pues realmente no le va, ni le decimos que por favor vaya a un dentista, porque cada vez que nos habla nos mata con el aliento. No le decimos que vaya a una esteticista para que lo depile pues parece el doble del Grinch y que le quiten las manchas y las verrugas que tiene pues le hacen lucir fatal. No le confesamos que no es para nada nuestro tipo y que hemos tenido mejores partidos, con cuerpos esculturales y rostro de ensueño, pero éste no es nuestro objetivo, lo amamos y ya. ¿No es así?

Y te preguntas: ¿Por qué si llevo poco tiempo saliendo con él no lo he mandado al infierno? Es que a este punto aún estás en el shock de no creer lo que te está diciendo. Crees que si le complaces en lo que te pide te volverá a tratar con la ternura de antes y a decirte todas aquellas cositas lindas que te decía y volverás a ser la única para él. Te preguntas por qué si hace poco eras la mujer perfecta, una diva hecha para él, cómo es que ahora te has convertido en su Fiona y sin razón alguna. No entiendes, pues sigues siendo la misma que le llamó tanto la atención y lo volvía tan loco, según él. Es que nuestra apariencia física tiene que ser impecable para que nos "amen" los patanes. Pero y nosotras, ¿no podemos exigir? ¡Se equivocan!

A diferencia de los patanes, nosotras buscamos conectarnos más emocionalmente con su corazón que con su cuerpo. Los patanes, buscan conectarse sólo con nuestros cuerpos. Desean lucirnos como piezas de colección, sin imperfecciones, sin manchas, lo cual es imposible, pues ni ellos mismos son perfectos. No se puede esperar más de alguien que vive de las apariencias y las mentiras, está lleno de sí mismo y vive con un ego inmenso. Esa falacia que ellos nos quieren hacer creer, de "yo soy feliz así, como soy", aunque esté pesando casi doscientas cincuenta libras, es una vil mentira.

Los patanes no tienen la fuerza moral para crear un cambio en ellos y sin embargo quieren crear toda clase de cambios en nosotras. Exigen cambios no solo físicos, también en tu forma de vestir, de hablar, de comer, en cómo te arreglas, te maquillas y en todo lo que eres. Desean verte más conservadora, tal vez más provocativa, más alta, más baja y no saben qué más inventarse. ¿No será que persiguen las exigencias de sus amigos? "Que te veas más delicada y recatada, no vas a querer que piensen que andas por ahí enseñándolo todo, se pueden propasar contigo", "no me gusta cómo te ves."

En ocasiones, sus comentarios provocan la risa de otras personas al utilizarte como objeto de crítica. Bueno, ¿si tanto le desagradas para que no se alejó desde un principio? La verdadera razón es que dentro de toda esta coraza de seguridad en sí mismos, los patanes ocultan grandes inseguridades que a veces se les hace difícil disimularlas. Los patanes, son inseguros.

Si él sólo puede fijarse en tus defectos
y no en tus virtudes, es tiempo de cambiar
de pareja. Hay muchos que se mueren por
tener una cita contigo; sólo tienes que esperar.

Característica # 6: **Eres su tarjeta de presentación**

Característica # 6: **Eres su tarjeta de presentación**

Una cosa es que tu pareja sienta orgullo y aprecio por lo que eres o haces y sienta placer de compartir lo excelente que eres y otra cosa muy distinta es que le sirvas de tarjeta de presentación. Los patanes tienen un problema agudo de doble vida. Cuando está a solas contigo te critica, te quiere cambiar, no te valora, no te atiende, te menosprecia y te considera inferior a él. Cuando te presenta ante otros se vanagloria a costillas de lo que has logrado en tu vida profesional, de quién eres, de cómo te ves, cómo le haces el amor o de cómo lo tratas y de cómo te hizo caer en sus brazos.

Eres su tarjeta de presentación cuando seguido de tu nombre va tu título, tu posición, todas tus habilidades, tu descendencia, tu lugar de procedencia y otras tantas vanaglorias. Muchas veces ni siquiera se lo han preguntado o no es necesario comentarlo. Eres su tarjeta de presentación cuando vez a sus amigos y no recuerdan tu nombre, pero si tu título, tu posición, tus habilidades o tu descendencia.

Eres su tarjeta de presentación cuando más de una vez le has escuchado decir: "Ella es (tu nombre), la dueña de..., la abogada, la doctora, la arquitecta o ella es la que confecciona los diseños de..., la que dirige el programa de..., la que distribuye los productos de..., o ella es la hija del empresario tal", y por ahí la lista puede continuar y nunca terminar. Como si por nuestra propia personalidad no creyeran que podemos cautivar y agradar a sus compañeros de trabajo, amistades y familiares. Sin el título, somos muy poca cosa para ellos. Lo que demuestra que en el fondo lo que le impresionó de nosotras es lo que hemos logrado o lo que podemos aportar a su vida de fantasía. ¿No será ésto proyección y deseos de "trepar" a costillas de la fama de otros?

Los patanes tratan constantemente de probarle al mundo que pueden ser competentes y que todo lo que les rodea es exclusivo. Parece halagador, pero no lo es. Lo que nunca te dirán es que cuando ya no puedan sacarte más y tu tarjeta de presentación deje de impresionarles, pasarás a ser la tarjeta de presentación que utilizará de referencia o para anotarle numeritos en la parte de atrás y coleccionarla en su billetera.

Los patanes buscan sustentar su aparente gloria con los logros de otros, porque cuando buscas y escudriñas bien sus éxitos personales, están huecos, muy por debajo de lo que el mundo esperaría de un individuo así.

La persona que realmente te ama
no necesitará demostrar lo que eres
para que le permitan amarte.
Por el contrario,
te amará y permitirá a otros ver lo
grandiosa que eres.

Característica # 7: ¡Amigos, amigos, amigos!

Característica # 7: ¡Amigos, amigos, amigos!

Sus amigotes, los patanes, son mujeriegos empedernidos, mentirosos, engañadores, tremendos actores y con doble vida. Algunos son unos buenos para nada, fracasados en sus relaciones sentimentales, sin estabilidad. Muchos de ellos casados, pero con relaciones extramaritales de años, manteniendo matrimonios para no perder dinero o pertenencias, pero no porque amen a sus parejas o sean felices.

¡Dime con quién andas y te diré quién eres! No esperes que si los amigos de tu patán son unos patanes de lo peor, el amor de tu vida sea un pan de Dios. Unos a otros se cubren, se llaman y se avisan si algo sucede, lo estás buscando o preguntas de sus andadas. Confabulan, inventan historias, hacen el teatro completo y se cubren las espaldas. Al punto de que puedes tener la otra frente a tu cara y su amigote pretenderá que ella está con él. Llamas a tu patán cuando ha salido con sus amigos y te los coloca al teléfono para que los "saludes." No es porque quiere que te relaciones con sus amigos, es porque está disimulando tu llamada porque está acompañado de alguien y no quiere que tú lo descubras y la otra sospeche que no es la única.

Sus amigos le llenan la cabeza de absurdas ideas. "¡Estás muy joven para responsabilidades!" "¡Te mereces alguien mucho mejor!" "Disfrútate la vida, no te comprometas o lo tomes en serio." Y de repente comienzas a sentir un bombardeo de prejuicios, críticas e ideas erróneas de parte de sus amigos. Tienes muchas cualidades, pero sus amigos patanes no las quieren ver, pues en el fondo envidian que él te haya encontrado. Sin embargo, el patán de tu amorcito no puede notar la envidia de ellos, pues para él valen más sus amigos que tú.

Es obvio que sus amigos no te conocen y te están juzgando. ¡Claro! El patán ve las críticas como una preocupación genuina de parte de sus amigos. No tiene el valor para enfrentarlos y aclararles que se equivocan. El patán de tu amorcito no tiene el valor para defenderte porque no te ama. Cuando se ama se lucha contra viento y marea y se defiende al ser amado.

Sus amigos no son tus aliados, son sus aliados. No puedes fiarte de ellos, son tal para cual, todos son patanes. Son los únicos que a larga le van a tapar sus cabronadas. Es obvio que tu patán los va a proteger más que a ti, aunque te duela.

Si lo que sus amigos piensan,
es para él más importante
que lo que tú pienses,
recoge tus cosas y
sal cuanto antes de su vida,
pues ocuparás siempre
el último lugar para él.

Característica # 8: ¿Ley de mordaza?

Característica # 8: ¿Ley de mordaza?

Cuando te enfrentas a exigencias, comparaciones y cambios inesperados de humor sin razón alguna, es difícil callar. Cuando te enfrentas a indiferencias, malas crianzas, faltas de respeto y hasta te engancha el teléfono, no es tan fácil quedarte callada. Es muy natural que recurras a tu mayor fuente de consuelo y apoyo; tus familiares y amigos. Tal y como él lo hace, aunque lo niegue a toda costa. Tratas de buscar dirección, apoyo, una mirada neutral que te ayude a ver el lado justo en todo esto. Buscas alguien que te escuche, porque él no lo hace. Buscas a alguien que te valore y te recuerde lo mucho que vales, ya que él no te lo dice ni te lo demuestra.

Intentas desesperadamente aliviar tu dolor y escuchar de labios de otras personas, soluciones y alternativas. Compartes con tu amiga, amigos o familiares, lo que él te dice o hace porque quieres descubrir si eres tú la que está mal. Quieres desahogar el coraje que te provoca ser tratada como a una tonta o algún objeto sin valor que puede ser reemplazable fácilmente. Escuchas las opiniones de otros, como lo hace él también a tus espaldas. Buscas balancear tus pensamientos y buscas apoyo.

Deseas ser honesta con él y buscar armonía entre tanta tempestad así que le comentas lo que otros opinan también, justo como él hizo contigo. Le comentas las conversaciones que has tenido con tus seres queridos, como ellos consideran su trato injusto y que no te da el lugar que te mereces, entonces comienza tu ley de mordaza. Aunque es preferible no involucrar a tus familiares, sientes la necesidad de encontrar apoyo. "Pero, ¿por qué tú te has puesto a hablar de nuestras cosas?" "Yo no le cuento nuestras cosas a nadie." Ahora también nos ve la cara de estúpidas y las más boconas. "A ti no se te puede decir nada." Pero, si él no le cuenta las cosas a su club de patanes, ¿cómo es que ellos saben los detalles de la relación y lo aconsejan? ¡Por su bocota! ¡A menos que uno de ellos sea clarividente!

La realidad es que los patanes no son nada discretos (falta que nos atribuyen a nosotras), su vida no es un libro cerrado, pero les encanta y les conviene aplicar la ley de mordaza a sus parejas. ¿A qué patán le conviene que anden hablando de sus cabronadas? Si dijéramos todo lo que sabemos no encontrarían más víctimas para utilizar. Quedarían en evidencia, su imagen quedaría totalmente descubierta y su orgullo vilmente afectado. Aunque te hagan creer lo contrario, la ley de mordaza es una estrategia más de control y manipulación de los patanes.

Si él puede consultar acerca de la relación

y dialogar lo que le disgusta

con sus familiares y amigos

en busca de consejos,

tú tienes el mismo derecho.

Característica # 9: ¡Mueren por la boca!

Característica # 9: ¡Mueren por la boca!

Los patanes para acabar de lastimarnos padecen del peor mal, abrir la boca y meter la pata. Los patanes al estar llenos de sí mismos no toman en consideración la forma en la cual se dirigen a ti. Muchas veces, movidos por lo que sus pares piensan abren su boca sólo para herir. Nos llaman la atención como si fuésemos niñas pequeñas a las cuales tienen que dirigir y llevar de la mano. Nos señalan las cosas con poco o ningún tacto, en forma ofensiva, directa y nada sutil. Su tono al hablarnos llega a ser brusco, denigrante y cargado de egocentrismo y superioridad. Sus frases despectivas hacia nuestra persona están apoyadas en suposiciones, en la comparación y la enfermedad del patanismo. No hay tacto en sus señalamientos y sus gestos son una ráfaga de desamor y desprecio constantes. Como parejas debemos dialogar lo que pensamos y comunicarnos de forma clara y sin reservas, sin llegar a disminuir a la pareja. ¿Has escuchado el refrán: "no es lo que se dice, sino cómo se dice?" Tal parece que los patanes lo desconocen.

Los patanes son facilitos para ofender, comparar y contar intimidades, sobretodo intimidades que vivieron con sus ex parejas. Son explícitos, hablan de detalles privados y muy íntimos, que no tenemos que saber. Cuentan prácticas sexuales, gustos, posturas, experiencias y vivencias con parejas anteriores sin ningún recato. ¿Por qué lo hacen? ¿Qué propósito los lleva a esta acción?

Sin duda, la divulgación de detalles íntimos hace que el patán se sienta en control y superior a ti. Los patanes dan tantos detalles que parece que estuvimos en la habitación o el mismo lugar donde tuvieron sexo con sus parejas anteriores. Buscan en ocasiones saber detalles íntimos de nuestras relaciones anteriores y luego que conocen los hechos, por mínimos que sean, contra-atacan con una experiencia pasada aún "más excitante" que la nuestra. Ahí comienza una lucha de poderes originada en sus mentes por demostrar que ellos son superiores, que lo hacen mejor y que ha logrado satisfacer al máximo a todas sus parejas anteriores. En la mente de los patanes solo cabe la idea de: "Soy el mejor." En su competencia por ser "el mejor"; alardean, exageran y pretenden ser felices, estando en realidad vacíos. Pretenden ser exitosos cuando están derrotados. Pretenden tener una vida que no tienen. Pretenden haber experimentado vivencias más fogosas, dónde alegan haber llevado a sus ex parejas a alcanzar plena satisfacción. Todo este montaje forma parte de una búsqueda incansable por saber si él ha sido tu mejor pareja o experiencia. Por otra parte, si te atreves a decir que no alcanzaste tu orgasmo, te tildan de frígidas.

Es muy obvio que el patán está lleno de sí mismo, piensa todo el tiempo en sus propias necesidades y deseos. Los patanes, desconectan el cerebro y dicen lo que no deben. No miden lo que piensan y dicen, porque todo lo que está fuera de sus cuerpos y sus mentes ocupa un cuarto lugar o tal vez un último lugar, como sus parejas. Recuerda, los primeros lugares son siempre para él, el super-ególatra. Por lo tanto, todo lo que somos los fastidia, se vuelven inconformes con todo lo que tanto parecían amar. Hasta la forma de abordarnos, hablar de nuestra apariencia, comentar sobre nuestra sexualidad o mostrarnos que algo no es de su agrado, se torna grotesco y ofensivo. Les resultamos, de la noche a la mañana, poco interesantes: "un periódico de ayer." Los patanes tienen una perfecta combinación entre boca y pata.

La convivencia con ellos sería un poco menos miserable si fueran mudos. Los patanes suelen compararnos constantemente de forma insensible y poco delicada con sus parejas anteriores. Sus comentarios acerca de nuestra persona, apariencia física, forma de vestir, cómo nos arreglamos y otros aspectos, carecen de tacto y comprensión. ¡Son excelentes para ofender, pero bajo ninguna circunstancia se pueden sentir ofendidos por ti! Abordarlos incorrectamente, atacarlos, humillarlos o disminuirlos equivaldría a sepultar la relación.

No toleran ningún tipo de crítica o ridiculización hacia su persona, sus pertenencias, familiares, amigos, situaciones pasadas y presentes o sobre cualquier decisión que tomen. Se sienten intocables y se vuelven extremadamente sensibles. En cambio, somos ridiculizadas por ellos todo el tiempo. Cualquier comentario, por sencillo que sea, aunque no sea dicho en alusión a su persona, les enciende la llama del coraje y la rebeldía. Todo lo que comentamos (aún en forma inocente), será censurado. No soportan ni toleran nada que amenace su "hombría." No soportan ni siquiera que se hagan observaciones o se critique su forma de pensar o actuar. Señalar algún defecto que parezca menospreciar o disminuir de alguna forma a sus ex parejas, aunque ya no las quieran para nada, es para ellos insoportable. Aunque ellos mismos las denigren hasta morir, siguen estando "envueltos" en su imaginación con ellas y todo lo relacionado con sus ex siempre será mejor que tú.

Si no puede hablarte como te mereces,
menos podrá hacerte sentir como has soñado.
Si tu pareja no mide sus palabras,
mucho menos medirá sus actos.

Característica # 10: **Nosotras las sensibles**

Característica # 10: **Nosotras las sensibles**

Los patanes tienen el mismo mal que causa el alcohol. Los ebrios olvidan todo suceso o palabra pronunciada bajo los efectos del alcohol. Cuando están sobrios y recobran su claridad mental, perciben lo mal que actuaron. Detectan que han cometido muchos errores, pero no tienen el valor para enfrentarlos y admitir sus equivocaciones. Entonces, recurren a la proyección.

La proyección es la manera más fácil de escapar y lavar sus culpas. Con esta técnica los patanes salen casi ilesos y hacen que todos a su alrededor sientan que están equivocados y que deben tenerles más compasión. De esta forma logran que en el futuro se les trate con mayor comprensión y tolerancia al hablar porque ellos son las "víctimas."

Es muy fácil y conveniente herir a alguien sin pedir disculpas y luego echar toda la responsabilidad sobre otros. Lo difícil no es ofender, sino aceptar la falta que se ha cometido y pedir perdón, cosa que los patanes no saben hacer. Los patanes son excelentes en ofender, pero no cuentan con el valor para aceptarlo y no tienen la hombría para decir "perdón." Es más fácil para los patanes tergiversar sus acciones y acusarnos de sensibles en vez de pedir disculpas.

Los patanes reconocen y saben cuando nos hieren, lastiman o incomodan, pero no quieren aceptarlo. Esto se debe a que detrás de sus palabras está justamente lo que ellos y sus amigos piensan. Como están convencidos de lo que piensan, lo ven como una verdad absoluta que no necesita una disculpa. Saben cuando nos han herido y no han medido sus palabras, pero no muestran consideración. Utilizar ese tipo de conducta con nosotras para ellos se torna natural, cosa de todos los días. Ante sus ojos, su conducta no es mala ni perjudicial. Consideran sus palabras una muestra de honestidad y realidad, aunque nos partan el alma en mil pedazos. Peor aún, toman por ridícula nuestra reacción, nuestros sonrojos y lágrimas cuando estamos heridas o avergonzadas por su crueldad. Nos ven como unas tontas extra sensibles, a las cuales se nos tienen que decir las cosas con pañitos tibios. A menudo nos dicen "contigo ya no se puede hablar" o "no te vuelvo a decir nada." Sin embargo, sería mucho más efectivo que los patanes desconectaran su miembro y conectaran el celebro con la lengua antes de hablar. Si tan sólo pensaran y luego hablaran con un propósito más provechoso que el de criticar, burlarse o disminuirnos, sus relaciones sentimentales serían más efectivas y no fracasarían con tanta frecuencia.

Si te considera hipersensible cuando te ofende,
tonta cuando lloras y culpable cuando
no eres feliz a su lado;
es tiempo de que busques alguien que
haga todo lo posible por no ofenderte,
que te consuele cuando llores y
se desviva por hacerte feliz.

Característica # 11: ¡Los súper machos!

Característica # 11: **¡Los súper machos!**

Es necesario que en la vida de pareja ambos conozcan si están satisfechos en el ámbito sexual. La comunicación efectiva y sincera es necesaria para que ambos puedan disfrutar su intimidad a plenitud. A diario miles de parejas enfrentan problemas en su comunicación sexual. Algunos temen ser demasiado exigentes con sus parejas. Otros conservan "tabúes" generalmente aprendidos en el seno familiar y los ocultan porque creen que van a herir o disgustar a sus parejas. El temor a la libre expresión de sus deseos les causa insatisfacción sexual y es el móvil de muchas rupturas en las parejas de hoy. Es aconsejable que la pareja dialogue con frecuencia en sus momentos de intimidad y estimule a su compañero(a) a expresar lo que desea en la comunión sexual y conocer si su pareja está satisfecha.

Los patanes, como no están interesados en saber si estás satisfecha o no, dan poca importancia a este tema. Más bien quieren satisfacerse ellos y hacer un buen papel en su teatro. Aún cuando no hayas logrado llegar al clímax, solo quieren satisfacerse y saber que divulgarás entre tus amigas lo bueno que lo hace. Y si por casualidad has tenido un mejor amante, prefieren no saber. Si en alguna confesión le has dicho que otro te satisfizo más, ése será su peor enemigo, pero cuando se llega a este punto de la conversación el patán preferirá cambiar el tema. Los patanes están en constante búsqueda de nuestra información privada, para "superar" nuestras experiencias sexuales pasadas. Los momentos íntimos se vuelven tensos y las relaciones sexuales se convierten en un ring de boxeo. El patán no está concentrado en lo especial que es estar junto a ti, no disfruta tu cuerpo, ni tus caricias, menos aún tu ternura y tu amor hacia él. Está concentrado en su miembro, en que grites mucho y a viva voz y que le digas constantemente lo "grandioso" que es en la cama o lo bien que sabe hacerlo.

Los patanes dentro de su egocéntrico mundo machista, no pueden vivir con la duda de que hayas tenido un amante mejor que él. Por lo que, constantemente preguntan si su "amiguito querido" tiene un buen tamaño, si estamos maravilladas y cuán satisfechas hemos quedado. Muchas veces no pueden ni tan siquiera disfrutar plenamente de la relación sexual. Tienen en su mente ser el mejor y dejarte exhausta, como si fuera la intimidad un campeonato mundial. Los patanes no te preguntan sobre tu satisfacción con el fin de complacerte; en realidad su mayor propósito es reforzar su propio ego y es escuchar lo que tanto anhelan. Tienen el deseo y la necesidad de saber que te satisfacen de manera sobrenatural para poder funcionar y se llenan de celos absurdos si tienen la sospecha de que has disfrutado más con otro que con ellos.

Los patanes luego que han estado varias veces contigo restan total importancia a la intimidad. Sus ternuras y caricias se funden dentro de un abismo de rutina, falta de preámbulo o preparación para el acto íntimo. Sucede lo que dice la canción interpretada por Ednita Nazario: "¿sabes?, tengo rabia, porque callas cuando te pido más, llegas, me devoras media hora y te quieres marchar y te vuelves frío y me siento rara, eres una ola, que me arrasa de golpe y a golpe se va."

Es aquí donde más confundidas quedamos. Hacemos el amor con él porque lo amamos; él lo hace con nosotras por mostrar lo "macho" que es y alcanzar su propia satisfacción sexual. No busques en el patán una relación sexual prolongada ni afectiva. La relación sexual del patán es corta, a su manera. Carece de caricias y palabras bonitas; no es una entrega de amor. Es un servicio que le estamos dando, hasta que el patán alcance su clímax. Lo peor es que cuando "terminan", sentimos unos fuertes deseos de abrazarles, de sentirlos cerca. Queremos dejarles saber cuánto lo amamos y ahí es cuando el patán se muestra más alejado y pensativo. Es como si deseara que fuese otra persona la que estuviese allí y no nosotras. Nos hacen sentir vacías, utilizadas e imposibilitadas de poder hacer algo para hacerlo feliz. Si está más involucrado en su propia satisfacción y en que constantemente le digas lo bien que lo hace, la relación no va a funcionar. ¡No querrás pasarte toda la vida repitiendo lo que él quiere oír acerca de su miembro para que todo salga de maravilla!

Una vez más, el patán muestra lo inseguro que es. Este mismo impulso es el que los mueve a buscar constantemente nuevas emociones. El día que te canses de repetir lo que él quiere escuchar, no muestres cara de embeleso por él o no te escuche gritar tan fuerte como para levantar a los vecinos, correrá a buscar a otra que mantenga su ego en cien, para que su "amiguito" siga funcionando. Las relaciones sexuales con los patanes no funcionan basadas en el sentimiento entre ambos y en el genuino disfrute, sino en cuán seguido le digas y le demuestres lo "súper macho" que es.

Analiza: ¿Quieres estar con alguien

que idolatra su miembro y

constantemente necesita saber si

es lo suficiente macho?

ó, ¿prefieres a alguien

que sabes que es todo un hombre

por su discreción y fidelidad?

Recuerda: Los hombres son, no pretenden ser.

Característica # 12: **¿Eres su línea de crédito ambulante? ¡Cuidado!**

Característica # 12: ¿Eres su línea de crédito ambulante? ¡Cuidado!

¡Qué contradicción tan grande! Al principio cuando lo conoces no necesitaba nada, estaba "estable", aparentaba con su posición, su auto, su apartamento o múltiples propiedades y su ropa de marca era impecable. Viajaba mucho o frecuentaba lugares lujosos, tenía una colección de relojes y sobre su escritorio, cantidad de tarjetas de clubes sociales. Eran tantos los lujos y comodidades que disfrutaba que te hacía lucir en desventaja económica con todo lo que tenía y había logrado. Sin embargo, muy pocos conocen que el patán oculta una vida muy opuesta de lo que representa ante los demás.

La realidad es que está en la quiebra o le falta poco para estarlo. Su salario, por mucho que quiera aparentar, se le va en pensiones y el pago de sus propiedades. Apenas puede pagar sus lujos y cada vez que sale a un lugar costoso a cenar se le hace un agujero en su cuenta. Tiene un Mercedes Benz y un celular moderno, pero ambos se lo paga la compañía para la cual trabaja. Lo conocen los acreedores como "el mala paga", suplica para que le hagan planes de pago en los lugares y agencias que le creyeron ricachón. Mientras está comprándose una Harley Davidson, le están cortando la luz del apartamento y para tener agua, mantiene un "pillo" en la llave de paso. Mientras viste de marca y come en lugares caros, debe meses del mantenimiento de sus propiedades. Utiliza prendas que aparentan ser costosas, pero realmente son de China Town. Tiene que hacer malabares para pagar sus gastos, mientras sigue hablando de miles como si fueran centavos. Viven en un mundo de apariencia total y es ahí que se topan con nosotras. ¡Qué suerte!

Los patanes no buscan cualquier tipo de mujer. Buscan una mujer que le sirva de pieza final para su cuadro de apariencia. Una mujer que tolere su forma de ser, sus mentiras, su conducta enfermiza y sus escasos recursos. Va a la caza de una mujer que le ayude con sus gastos y se sacrifique para que pueda aparentar vivir bien sin tener que sacrificarse mucho. Una mujer que no se inmute ni comente por lo bajo su situación financiera a nadie, pues sería el final de su vida de apariencia. Necesita desesperadamente una mujer que sea su soporte económico, preferiblemente empresaria, directora de alguna empresa importante o exitosa. De esta forma ella cubre sus gastos y él le paga con sexo ocasional e infidelidades.

Al principio, no pedirán ayuda económica, pues su orgullo está muy por encima de esto. Sin embargo, como le amas, te ofreces desinteresadamente a ayudarle. Tu genuino interés, es su vía de acceso; justo lo que él estaba buscando. Le ayudas porque confías en él y no deseas verlo mal. Él se encarga de hacerte creer que es una víctima de su ex, de sus hijos y de sus padres, pero pronto verás su falta de respeto.

Mientras le ayudas a pagar sus facturas (su apartamento, carro, la casa, el colegio de sus hijos, sus lujos y caprichos), aunque haya prometido "devolvértelo", ves que sigue involucrándose en más y más situaciones económicas. No tiene para pagar los alimentos y otras cosas básicas que necesita en su casa, pero se compra más lujos sabiendo que no los puede pagar. Tal vez se compra una motora, un bote o un auto deportivo. Cooperas en la casa, le ayudas porque está mal económicamente (¡bendito!) y luego notas que te vio la cara de pendeja. Supuestamente está mal económicamente, pero no deja de beber con los amigos ni para de salir con otras; para eso siempre consigue dinero. Mientras tú le pagas a él, él les paga a las otras. No deja de comer en sitios caros y trata de mantener una vida de apariencia constante.

Para los patanes, unas veces somos unas maniáticas y unas hipersensibles, que exageramos mucho, y bueno, todas las cualidades negativas que ellos quieren adjudicarnos. Sin embargo, al momento de pagar, nos ponen unas caritas de perritos acongojados y necesitados increíbles. ¡Hasta se muestran cariñosos! Terminamos entonces sintiendo pena por ellos, abriendo nuestra cartera y pagando. ¡Qué mal! Es porque "el pobre está en una situación económica difícil." Mientras tanto, el patán de tu vida vive burlándose a tus espaldas y viviendo como un rico a tus costillas.

No confundas el amor que le tiene

a tu cartera

con el afecto que te tiene a ti.

Característica # 13: **Siempre víctimas**

Característica # 13: **Siempre víctimas**

Es tan paradójica la vida al lado de un patán que pudiera ser objeto de estudio por toda una vida. ¡Son tan contradictorios! A primera vista se muestran fuertes e invencibles, como columnas inquebrantables. Temerarios, competentes, decididos y difícilmente sacados de concentración. Aparentan una personalidad definida y sólida, como si estuviesen cubiertos de una muralla de seguridad inquebrantable. Se muestran seguros al hablar, determinados al actuar, ganadores con sus argumentos y muy, muy creídos. Pero, esta muralla de seguridad no es más que un manto frágil o coraza de cartón fácilmente quebrantable.

Bajo esta apariencia de invencibles ocultan muchos miedos y temores que les avergüenza mostrar. Temen ser ridiculizados o ser objeto de crítica. En realidad, ocultan experiencias bochornosas o penosas para ellos. Disfrazan defectos y limitaciones, pero sobretodo ocultan su mayor defecto, la inseguridad. Lo más probable es que si un patán lee esto diga: "¿Yo inseguro?, te equivocas, yo estoy bien seguro de mí mismo." Yo le digo a ese patán que se está engañando.

En el interior, los patanes son bien inseguros. Es por esto que tienen que usar la crítica hacia sus parejas, la ridiculización y la comparación.   Los patanes proyectan sus defectos y no aceptan sus culpas. Aceptar un error o defecto hace que su coraza de cartón se moje y se caiga dejándolo al desnudo, sintiéndose inseguro y vulnerable ante los demás.

Entonces, ¿la autoestima de los patanes depende de encontrar defectos en nosotras? ¡Absolutamente, sí! Los patanes buscan defectos constantes en su pareja y la hacen parecer una tonta a la que él tiene que enseñar y guiar. Esto le da la oportunidad de lucir la apariencia que lleva ante todos.

¿Qué sucede cuando colocas un diamante al lado de un brillante? El diamante opaca por mucho al brillante, ¿verdad? Lo mismo sucede con los patanes, al no ser lo que aparentan y verte tan fuerte, su seguridad se carcome y necesita destruirte. Mientras más insegura, desprotegida e impotente él te haga creer que eres, más crece su propia seguridad. Mientras más baja autoestima tienes de ti, más crece su ego, su autoridad y su aparente fortaleza. Más el día que es descubierto en su inseguridad y su coraza se cae, recurre a toda prisa a su "hada madrina", el juego psicológico. Jugará a ser la víctima y tú serás para él la malvada Cruela De Vil. Son débiles en su interior. Al mínimo error que cometen quedan "retratados" y se derrumban. Se escudan bajo el manto protector de la auto-compasión autoproclamándose víctimas de sus relaciones amorosas. Tanto así que hasta llegamos a considerar a sus ex parejas el diablo encarnado y a ellos el corderito manso y lleno de virtudes.

¿Entonces quiénes son los verdaderamente débiles? ¿Tú, la "tonta enamorada?" No, los débiles son ellos, los patanes. Si el juego de ajedrez no es movido a su antojo y mueves una ficha inesperadamente, inventará una falta nueva en ti para reponerse. Nos hacen un lavado de cerebro y un cuento tan grande en par de segundos, que logran dormirnos en sus mentiras. Al ser descubiertos hacen un teatro, inventan historias, nombres, fechas, horas, involucran a terceras personas y hasta se creen el cuento. Se hará la víctima, el dolido, el sufrido y el engañado. Te hará creer que lo presionas, lo fustigas y lo acosas. Te hará pensar que lo imposibilitas para tomar otra decisión. Te hará pensar que obras siempre a tu favor.

¡Víctimas! ¡Víctimas! ¡Víctimas! Se autoproclaman víctimas ante sus familiares, amigos, compañeros de trabajo y parejas. Hacen tan buen teatro que las demás personas los compadecen, les perdonan sus faltas y encubren sus malos actos. En sus conversaciones, en sus experiencias pasadas y presentes y en el compartir con nosotras, ellos siempre son las víctimas. La culpable de sus actitudes, sus expresiones arrogantes, su cambio de humor y las altas y bajas que tiene la relación, son sólo debido a que él ha sido una víctima.

Según él, es la víctima de ex parejas que no le apreciaron y no le valoraron como se merecía, por eso ahora no confía en nadie. Alega ser la víctima de malas experiencias y decepciones que le han hecho "cerrar" su corazón. Es la excusa perfecta para no confiar en nosotras. Utilizan el hecho de ser "víctimas" para sacar ventaja y tener excusa para ser tan patanes. ¿Qué más puede esperarse de alguien que cada vez que te le acercas tiene una coraza a su alrededor y en su boca un látigo?

Si tu pareja es un patán, difícilmente hará un pequeño gesto para hablarte con más consideración, con más dulzura y tacto, incluso para dejar de considerarse una víctima y asumir la responsabilidad de sus actos. Con los patanes siempre tenemos que olvidar las heridas y tomar las cosas a broma. ¡Como si la vida fuese un circo! Andan haciendo fechorías y catalogándolas de tonterías, no admiten sus errores y ni piensan en pedirte disculpas. Cualquiera diría que estos modales nunca se los enseñaron. Los patanes son maestros en hacerse las víctimas, pero depende de ti caer o no en su juego vicioso.

Si no puede aceptar sus errores
y disculparse,
tampoco podrá hacerte feliz.
Si él siempre es la víctima
aniquila su jueguito psicológico.

Característica # 14: ¿Relación? ¡A conveniencia! ¿Status? ¡Nunca definido!

Característica # 14: ¿Relación? ¡A conveniencia! ¿Status? ¡Nunca definido!

Resulta, que con los patanes muy raras veces somos sus parejas y mucho menos nada que tomen en serio. En ocasiones, supuestamente somos el amor de su vida. La mayoría de las veces, en realidad, somos sólo sus amigas, "roommates", conocidas o sabrá el cielo que otra cosa. Los patanes demuestran y les dicen a otros lo que ellos desean dependiendo de la ocasión, la persona y el ambiente donde se encuentren. Si el patán considera que no estás a la altura del lugar o de las personas que él frecuenta o si no quiere demostrar que hay algo entre ustedes; (sin que lo notes), te presentará por tu nombre únicamente. Utilizará tu nombre sin tu estatus con él, evitará el contacto físico contigo (nada de caricias frente a su público distinguido) y se mostrará muy correcto y distanciado al tratarte. De esta forma, hará que otros piensen que eres su amiga, una invitada más o alguna persona con la que se relaciona sólo por su trabajo. Simplemente una conocida; nada serio.

Si está en algún lugar donde le puedes servir de buena tarjeta de presentación, te presentará como su novia y tal vez te tome de la mano ocasionalmente, sólo por disimulo, nada afectivo. No dudes, que en algún momento, te dejará esperando en una silla en medio de la actividad o de su trabajo, como si fueras una conocida o cliente más. Pero, estás súper idiotizada para ver estas cosas y reaccionar en el momento. Los indicadores de que algo anda mal pasan frente a tus ojos y los dejas pasar. Soportas innecesariamente.

La relación con un patán nunca está definida o mejor dicho, no existe tal relación para ellos; solo existe en tu mente. Tienen sexo, conviven bajo el mismo techo, "dividen" los gastos y responsabilidades, pero eso no significa que para el patán existe una relación de pareja y mucho menos de respeto. No mencionan tan siquiera el tema del estado de la relación y si alguna vez surgiera un tema relacionado, lo evaden. Cuando deseas saber si eres su pareja o no, aunque ya estén teniendo sexo o viviendo bajo el mismo techo, él toma la pregunta como una medida de presión. Piensa rápidamente que deseas matrimonio. Obviamente, queremos saber en qué estamos invirtiendo nuestro tiempo, nuestros sentimientos y nuestro cuerpo. Es normal que queramos saber sobre qué bases nos apoyamos y hacia dónde va dirigiéndose la relación.

Cualquier tonto puede entender esto, excepto el patán que tienes a tu lado. Comenzará a buscar pretextos para alejarte y que no estés involucrada en su vida. Eres su "novia" para tener sexo, para aguantar sus críticas, para "compartir" gastos, para ayudarle con sus hijos (si los tiene), para limpiar su apartamento, para ayudarlo cuando le cortan el agua y la luz o para guardar sus secretos económicos, pero para nada más. Frente otras mujeres, ante su club de patanes, ante el tema del estatus de la relación o sus sentimientos, eres una amiga. Eres una compañera ocasional, la que tiene de "stand by" en lo que llega otra que le guste más o reúna cualidades mejores que las tuyas, según su apreciación.

Ante sus amigos los patanes, no eres nada serio. Ante sus hijos, eres una tía o amiga que los saca a pasear. Cuando descubres que te está engañando con otra mujer, (tiene mensajes de texto o fotos que evidencian su engaño), resulta que la relación que tienes con él aún no la considera algo serio. Alegará que él lleva contigo "solo unos días", a pesar de que llevan ya viviendo bajo el mismo techo varios meses y teniendo relaciones íntimas hace tiempo.

Los patanes nunca pierden, o por lo menos eso creen ellos. Tu estatus con ellos nunca es seguro o estable. Son barcos de papel fácilmente movibles, porque nunca cultivan el amor verdadero hacia sus parejas y hacia ellos mismos. Son como el "grupier" de un casino que barajea las cartas magistralmente. Nunca sabes qué carta sacará debajo de su manga. En todas sus jugadas manipulará sus barajas para que pierdas.

Los patanes siempre moverán fichas inesperadas a su favor. Estar con un patán es como andar sobre tierra movediza. Es caminar sobre un terreno incierto. Los patanes no hablan sobre cuál es tu lugar en su vida. Si tratas de aclarar el tema lo califican de innecesario, pues dan por sentado y explícito tu lugar, aunque nunca lo hayan dialogado. Es que el estatus tuyo ha estado muy claro desde el principio en la mente del patán. Tú estás con el patán, pero el patán no está contigo. No te ama y no tiene planes contigo hacia el futuro, por lo cual, no tiene que definir tu estatus en su vida.   .

Si maneja la relación de ustedes
a su conveniencia, de igual forma
manejará tus sentimientos.

Característica # 15: ¿Matrimonio?... ¡Ni hablar!

Característica # 15: **¿Matrimonio?... ¡Ni hablar!**

Todas hemos soñado con vernos vestidas de blanco, llegar al altar y declarar públicamente nuestro amor por nuestra pareja. Es algo que anhelamos y planificamos con mucho esfuerzo. Sin embargo, los patanes no son muy dados a creer en el matrimonio. Si existiera el caso de que en algún remoto lugar de su cabeza haya pasado por su mente el matrimonio, te has confundido, no sales con un patán sino con un marciano. Los patanes no se casan por voluntad propia sino por presión de la familia de la chica, tal vez porque ella está embarazada o por interés económico. El matrimonio no es lo que busca un patán. Si hay alguna palabra que nunca ha pertenecido al vocabulario de los patanes es matrimonio, por lo menos no con nosotras. Tal vez te has emocionado con la relación y le has contado tus planes de algún día ser parte de él para siempre; entonces él se espanta y no será nunca jamás el mismo. Las relaciones comprometedoras no son parte de su agenda y mucho menos, una vida monógama.

99

El matrimonio es visto por los patanes como el fin de sus salidas y aventuras amorosas. Aunque no lo creas, ha habido patanes que se han casado con bombos y platillos, por la iglesia incluso, con toda su familia y amistades presentes. Pero su mentalidad de patán no ha quedado en el pasado. Disimulará los primeros meses, tratará de engañar a quienes les rodean y fingirá que todo va de maravilla. ¡Qué gran patraña! Cuando más tranquila y confiada te encuentres, el patán andará pegándote los cuernos, saliendo hasta tarde con sus amigotes y diciéndote con mucha convicción que está trabajando. Los patanes no cooperan en la casa y si ya tienen hijos preferirán que te encargues tú del asunto o que los lleves a cuidar y así despacha el problema.

Los patanes que han cometido el error de casarse no han sido precisamente unos santos y casi todos han terminado su relación en divorcio. Los pocos matrimonios de patanes que han sobrevivido han sido debido a que su pareja se ha disminuido, sometido y "fundido" como metal bajo el fuego al antojo del patán. Lo más increíble es que cuando se divorcian, descaradamente alegan que sus parejas querían medir fuerzas con ellos, eran muy cantaletosas, les exigían mucho tiempo y miles de excusas más.

Los patanes no se atreven a pararse firmes y aceptar que no estaban preparados para el matrimonio y que en el fondo no dieron lo mejor de sí. Alegan haber sido excelentes esposos, que le colocaron una casa o le dieron algunos lujos a su pareja, sin embargo nunca dieron tiempo de calidad, amor, fidelidad, o respeto y mucho menos supieron cargar con la responsabilidad del matrimonio.

Si el patán que está a tu lado está divorciado, no podrás ni hablar de matrimonio. Viven en el pasado; achacándote culpas que no son tuyas. Desconfían, te comparan y asumen que el matrimonio a tu lado será igual de absurdo y fracasado que el anterior. Piensan que el matrimonio al principio será una maravilla y luego será una pesadilla de la cual no podrán encontrar una salida. Esta forma de pensar es solo el reflejo de su falta de interés y de negación a renunciar a su vida de patán. La creencia de que el matrimonio no funciona está impregnada en la mente de los patanes. No quieren aceptar que los fracasados son ellos y que lo único absurdo es su comportamiento. Sin embargo, no hacen nada por dejar de ser patanes mentirosos, deshonestos, desleales, infieles, aparentadores, quebrados, egocentristas, y sarcásticos.

Los patanes se escudan en mentiras, porque no piensan cambiar su mentalidad de patanes. No están dispuestos a dejar sus "bebelatas", mujeres y amigos. Los patanes saben lo irresponsables que son al jugar con nuestros sentimientos y lo inútiles que son para amar de verdad. Por esa única y verdadera razón no creen en el matrimonio.

El hombre que te ama

no querrá dejar duda alguna

de que tú eres su pareja.

El hombre que te ama

querrá pasar el resto de sus días contigo

y entregarte lo mejor de su ser.

Su finalidad será, llevarte al altar,

no por cualquier razón

sino por amor verdadero.

Característica # 16: **¿Hijos?...¡Ni lo sueñes!**

Característica # 16: **¿Hijos?...¡Ni lo sueñes!**

La llegada de un bebé es una bendición muy especial. Un bebé es un motivo de celebración y gozo sin igual. Un bebé es más especial aún, cuando es concebido con la persona que amas. Es el acto de brindar vida a un ser que es parte de ambos, la unión, lo más sublime. Sin embargo, para los patanes un bebé es considerado como otro dolor de cabeza. Para ellos, un hijo es símbolo de más trabajo y obligaciones, la cohesión de su libertad y una camisa de fuerza.

Si tu patán ya tiene hijos de alguna pasada relación, ellos sólo representan para él un aumento de pensión y un fin de semana o dos menos al mes para disfrutar a sus anchas. Mientras andas soñando y anhelando tener lo más especial, su vida misma dentro de ti, el patán ve el evento como una rotunda desgracia. Un hijo es un verdadero desastre en su vida. Los patanes no vislumbran la llegada de un hijo contigo como una bendición sino como una calamidad.

Casi todas, por no decir todas las veces, que los patanes han sido padres o mejor dicho "bancos de semen" ha sido por una metida de pata. Un suceso no planificado, producto de una relación precipitada y basada en el impulso sexual. Los hijos son producto de relaciones donde sus parejas han estado más envueltas sentimentalmente y ellos más envueltos en la satisfacción carnal propia. Situaciones en donde no han medido las consecuencias de su lujuria. Algunos hasta se atreven a sugerirte el aborto, pero por el "remordimiento" que les causa las creencias religiosas de sus padres o porque su pareja no accedió a su proposición, han sido padres por la fuerza.

Los patanes no planifican tener hijos o por lo menos no tan rápido como nosotras. ¡Por ellos, ni que llegaran los hijos! Una vez que los tienen evitan cargar con la responsabilidad de criarlos y educarlos. Las etapas más delicadas e importantes son delegadas a sus parejas, a los abuelos o a un centro de cuido. Se convierten en padres por obligación y en contra de su voluntad. Son padres que no se involucran con sus hijos en sus actividades y sentimientos. Padres que no conocen a sus retoños porque están muy ocupados para sacar tiempo y conocerlos. Padres que no se han involucrado en todas las etapas de sus hijos o mejor dicho en casi ninguna. Hay patanes que dirán: "para el embarazo de 'Fulana' yo nunca me separaba de ella", "cuando 'Fulana' estaba embarazada yo siempre estuve ahí, le hablaba en la barriga y hasta le colocaba música." ¡Claro! Un bebé en la barriga, no es una carga para un patán. En la barriga aún el bebé no llora, no pide cambio de pañales, no hay que alimentarlo, ni bañarlo, ni es un impedimento para andar con su club de patanes. Sin embargo, cuando los bebés nacen los patanes raras veces cambian un pañal o se levantan a atenderlo en la noche. Los patanes aparecen solo cuando les conviene ver a sus hijos, por un fin de semana, una semana o tal vez una vez cada seis meses por no decir una vez al año. Los patanes siempre prometen que serán padres ejemplares. Dicen que su prioridad serán sus hijos y que serán excelentes proveedores, pero a la hora de la verdad abandonan su responsabilidad, dando sólo migajas a sus hijos. Los patanes no son padres, pues nunca cumplen a cabalidad con su deber. El patán, que por un lado pasa una buena pensión y ayuda en los gastos extras, por otro lado carece de tiempo y afecto para sus hijos. El patán que no cumple con su responsabilidad económica trata de ganar el amor de sus hijos del cuento. Son ciento por ciento patanes que han sido padres solo por coincidencia y no por voluntad. Los patanes no son leales a tus sentimientos. No son consagrados a un matrimonio sin engaños y mucho menos son padres que se involucran con sus hijos. Prefieren crear la apariencia de buenos padres frente algunos antes que serlo de verdad. Lo mejor de todo es que sus hijos a medida que van creciendo descubren por sí mismos cuán patanes son sus mal llamados padres.

No pierdas el tiempo queriéndole dar un hijo a quien no lo merece. La actitud de tu patán te muestra claramente que ser padre no le interesa y es una responsabilidad que no puede asumir, no porque necesita más tiempo, sino porque este rol le queda demasiado grande.

El hombre que te ama
deseará tener hijos contigo.
Sus hijos no serán una carga,
ni un pesar y tomará
su responsabilidad de padre muy en serio.

Característica # 17: "Conocer" la familia

Característica # 17: **"Conocer" la familia**

Conocer la familia de tu pareja nunca ha sido un proceso sencillo, sientes inseguridad y temor a la aceptación. Hay una mezcla de sentimientos que combates por tratar de agradarle a su familia y que te acepten. Deseas entablar una amistad sincera con su madre, pues es mujer como tú y por lo general conoce mejor a su retoño. Tienes el interés de compenetrarte con ellos, conocer cómo piensan y qué les agrada. Quieres dejarles saber cuánto amas a su hijo y demostrarles tu cariño. Deseas hacer de ellos una segunda familia e incluso quisieras llegar a sentir como ellos. Esperas dialogar sobre sus situaciones, preocupaciones y compenetrarte con ellos todo lo que puedas porque su familia es parte de él. Este cúmulo de deseos y ansiedades crea una tensión muy intensa y hace que esta primera visita para conocer su familia sea sumamente estresante.

Anhelas que llegue el día en que por fin puedas conocer a sus parientes. Te mueve el deseo genuino de estrechar los lazos que te unen a él. Pero no te preocupes porque esto de conocer su familia no se da tan rápido con un patán. Tal vez ya han salido varias veces, tal vez ya conoce toda tu familia. Conoce incluso hasta tu perro o tu gato, pero tú, ni siquiera sabes bien cuál es el nombre de su hermana y no te ha dejado saber con certeza en qué lugar vive su familia.

Cuando por fin logras conocerlos y descubres que son geniales, el patán te impide compartir con ellos todo el tiempo, probablemente porque teme que alguien indiscreto te cuente cositas que no debes saber, al menos por ahora. Notarás que las visitas a la casa de su familia no serán tan frecuentes y largas cómo quisieras. Esto no significa que él dejará de visitar a su familia, sino que la visitará más seguido sin ti, aunque vivas con él.

Los patanes temen que tú les encantes a sus familiares y estos comiencen a defenderte más a ti que a él. Temen que luego no pueda hacer sus fechorías con toda libertad, pues serán censurados por sus familiares. Los patanes saben cuán desleales son, por lo que preferirán que no tengas tanta confianza con sus familiares. No van a querer que se incline la balanza en su contra. Cuando un patán descubre que has hecho amistad con su madre al punto que le cuentas como te trata en ocasiones, sentirá que menoscabas la credibilidad que tiene frente a su madre. Inventará comentarios y situaciones para que dudes de las palabras y actos de su madre y ella deje de ser tu aliada. Te dirá cosas como: "no me gusta que le estés contando todo a mis padres", "no me gusta cargarlos de problemas", " no quiero que estés llenándole la cabeza a mi mamá", "mi madre y yo no tenemos muy buena comunicación, siempre me presiona y si le cuentas cosas, haces que me mortifique más."

Los patanes no quieren que tengas a su familia de tu lado apoyándote. Querrá ser siempre el corderito manso frente a sus padres. Intenta ser la pobre víctima y el indefenso que no ha tenido suerte con las mujeres. Desde luego, tu enlace con su familia es una amenaza para su conducta de patán y su apariencia de víctima.

El hombre que te ama y desea
pasar el resto de sus días contigo,
no temerá que conozcas a su familia
y que éstos te amen.

Característica # 18: "¡Involúcrate con mis hijos...pero no mucho!"

Característica # 18: "¡Involúcrate con mis hijos... pero no mucho!"

Resulta que si tu patán tiene hijos es obvio que vas a querer conocerlos, complacerlos y querer agradarles, pues pasarán a ser hijos tuyos, aunque vivan lejos. Querrás formar parte de sus vidas y que ellos formen parte de la tuya. Querrás saber qué les gusta y que les desagrada de ti. Desearás saber si se sienten a gusto contigo y si a tu lado están tristes o alegres. En fin, deseas saber todo sobre ellos, porque ahora forman parte de tu vida.

Resulta que tu patán, al principio, lo ve muy correcto y de lo más lógico. A medida que vas compartiendo con sus hijos, conociéndolos y le vas sugiriendo ideas de cómo podría él mejorar su relación con ellos, ésta idea ya no le agrada tanto. Esta intervención, no solicitada, en la formación y educación de sus hijos les disgusta. Resulta que como su responsabilidad de padre deja mucho que desear, en algunas ocasiones sus hijos se identifican mucho más contigo que con él. Así que, frente a sus hijos el patán te trata como su amiga, te presentará como su "titi" o te colocará algún apodo. Tu patán no se ha molestado en presentarte formalmente, ni les ha hablado claro sobre tu posición en su vida. Se diría que hasta se muestra cauteloso en este punto. Recuerda tu patán, no quiere formalizar nada contigo; eres su resuelve por ahora, así que no tiene caso que sus hijos te vean como su pareja. No importa que tengas su closet lleno con tu ropa y sus hijos sepan que duermes en su misma cama, sigues siendo algo así como una "nana." ¡Qué irónico!, ¿no?

Sus hijos sufren porque a pesar de la negativa del patán continúas adentrándote en sus corazones. Están hambrientos de afecto más que de posesiones. Se sienten cohibidos de expresarte libre y abiertamente su amor porque el patán los limita. Sufren el sentir que no perduraras en sus vidas, gracias a que tu patán es un cobarde. Incluso aunque su rol de padres no es el mejor alegan no querer ver sufrir a sus hijos involucrándolos con una nueva pareja por si las cosas no funcionan. Y es que en donde no funcionan las cosas es en la cabeza del patán. Comienzan a salir contigo con ideas preconcebidas, con miedos, con enredos y viviendo todavía en su oscuro pasado. Hacen conclusiones precipitadas hacia tu persona y sobre la idea de un futuro contigo, mientras te entregas de corazón, te ocupas por darles el afecto y el amor que sus hijos merecen y que tanto necesitan.

Sus hijos no se involucran contigo como quisieran debido a que no ven una entrega sincera de tu patán hacia ti. Los patanes son estupidísimos, cuando tienen una pareja a la que le importa poco integrarse con sus hijos, ni se preocupa por identificarse con ellos, amarlos, complacerlos y tratarlos como si fuesen suyos, entonces por ésta se arrastran, lloran, se humillan y sienten que se van a morir. Por desgracia, cuando tienen una pareja que los ama y ama a sus hijos, los trata bien y quiere lo mejor para ellos, no la valoran. Sabotean el amor que va naciendo en sus hijos con comentarios muchas veces a modo de broma, en algunos casos, con el fin de que empiecen a ver defectos en ti e impedir que te amen.

Cuando estás con sus hijos todo el día, los llevas a divertirse, a comer, al cine, les compras cosas que ellos desean y les dedicas tiempo tratándolos como a tus hijos, los patanes comienzan a sentir desagrado. Temen que puedas llenar el vacío que estar con él les provoca. Ahora que sientes que comienzas a ser una familia, es cuando el patán no valora tus esfuerzos.

Cuando decides llamarlo ya que han pasado tres horas desde que salió de su trabajo y no te ha dado ni una llamada para saber cómo estás tú y sus hijos, él te responde con desagrado y hasta desafiante alegando que tú lo quieres controlar. Te grita, te engancha el teléfono y se torna violento. Sin duda, ¡ciento por ciento patán! O sea, él no puede entender en su celebro tan estrecho que deseas compartir con él las experiencias que viviste con sus hijos ese día y que sus hijos y tú están locos por verlo. No, el muy estúpido sólo piensa en él. Solo piensa: "No me controles, no me presiones" y en que "no tengo que darte cuenta de mis actos." Cada vez que te deja a cargo de sus hijos sin una razón válida y por prolongado tiempo, inventa algún teatro para desviar la atención de dónde estaba metido y qué hacía. La realidad es que a cuentas de que tiene niñera para que le atiendan sus hijos, cogió calle y una vez más olvidó su responsabilidad de padre y de pareja.

Si tu patán no quiere darte un hijo, porque lo ve como una carga, una pensión adicional o más trabajo, si no se involucra adecuadamente con sus hijos o los tuyos y si no sabe ni le interesa asumir su responsabilidad de padre (más allá de pasar una pensión), dale gracias a Dios de que no te dé el privilegio de ser madre, porque no se lo merece. Permite que un verdadero hombre sea el que te conceda ese privilegio tan maravilloso y lo disfrute al máximo contigo. Que un hombre íntegro sea quien lleve ese rol tan importante con toda responsabilidad, no un patán que está a mil años luz de ser un hombre y buen padre.

El hombre que te ama te presentará
como su pareja ante sus hijos y fomentará
el respeto y el amor entre ustedes.

Característica # 19: ¿Los recuerdos o los fantasmas?

Característica # 19: **¿Los recuerdos o los fantasmas?**

No hay nada más triste y doloroso que descubrir que tu pareja vive en el pasado. El último patán que llegó a mi vida tenía un problema agudo con sus recuerdos. Sus recuerdos del pasado no eran buenos y aunque aseguraba no desear, supuestamente, nada con sus parejas anteriores y hasta las criticaba a morir, frecuentemente las recordaba. Especialmente para las fechas importantes como el Día de los Enamorados, Noche Buena o Navidad. Se le aguaban los ojos de sólo mencionarlas. Se ponía súper sensible y nostálgico al recordar momentos vividos con sus ex parejas y se auto-destruía.

En una ocasión salimos a un restaurante el Día de los Enamorados y el patán de repente comentó: "no lo puedo creer, en esta misma mesa y en esa misma silla que estás sentada estaba 'Fulana de Tal' un día como hoy." ¡Estúpido! Es en esos momentos pensé: "¿Qué carajo hago yo con este patán? ¡Qué pendejo!" Reconocí que estaba con la persona equivocada, en el lugar equivocado.

A veces comentas lo mucho que disfrutas visitar ciertos lugares, comer ciertos alimentos, cuánto te agradan algunas mascotas o cuál es el perfume que te encanta y tu patán dice: "eso también le gustaba a Fulana..." o "¿no has probado la carne con estas especies?, a Mengana le encantaban" o "Umm!, ese perfume me recuerda algo, Sutana lo usaba siempre."

Al compartir con tu patán notas que ya sus recuerdos pasan a ser fantasmas. Fantasmas que te persiguen, te fatigan y te opacan. Y te da con pensar: ¿Se habrá quedado este patán enamorado de alguna de sus parejas anteriores? ¿Cómo es que se quedó tan envuelto después de que ellas le hicieron tanto daño? No te queda otra que pensar: ¿Será que habrá inventado la culpabilidad de sus parejas y fue él el causante de todo y ahora se auto recrimina?

La respuesta es que tu patán no está enamorado de sus ex parejas, ni le importan. Lo que sucede es que su cargo de conciencia por las veces que no correspondió al amor y el sacrificio de sus parejas lo matan. Le está matando su propia conciencia (si la tiene), al saber que no actuó con fidelidad, respeto, sinceridad y compromiso, con sus parejas anteriores que al igual que tú se desvivían por amarlo y hacerlo feliz, respetándolo y valorándolo como no se merecía.

Le martiriza recordar que con su conducta de patán abrió una caja de Pandora dañina para quienes le amaron y hasta para él mismo. Causó heridas por no medir sus actos; destruyó lo que habían construido o mejor dicho, lo que su pareja construyó. Al culpar a sus parejas anteriores pretende lavar sus propias faltas.

Los recuerdos del patán como fantasmas, salen de sus tumbas cuando menos lo esperas, llegan a la puerta de tu relación y la sabotean. Éstos fantasmas mantienen el alma del patán en pena; una pena que merecen por no haber valorado lo que tenían, pero una que no tenemos, ni merecemos sufrir nosotras. Estos fantasmas no le permiten aceptar y dejar ir el pasado porque viven en él tratando de disfrazar lo ocurrido, arrastrando culpas, sentimientos de coraje y frustración. No logran sanarse, y lo que es peor, no superan sus errores porque viven haciéndose las víctimas para evadir sus culpas. Estos fantasmas que él crea, son los que no dejan que forme una nueva relación madura y estable.

Los patanes necesitan arrastrar con estos fantasmas para hacerse los más dolidos, sufridos e incomprendidos. Los patanes desean vivir con sus fantasmas para tener algo en que apoyarse y decir que hicieron las cosas bien en algún momento. Los patanes mantienen los fantasmas cerca para tener la excusa de ser más patanes con nosotras. A ellos les encanta vivir de recuerdos, para poder defenderse de ser lo que son. Viven guardando fotos, cartas, tarjetas y regalos del pasado en vez de cultivar una relación positiva en el presente. Se apresuran a iniciar nuevas relaciones sin haberse dado tiempo. Tienen temor de que los vean solos y perder su título de gran conquistador. No vivieron a plenitud el pasado, ni viven el presente y no podrán vivir el futuro, porque no modifican su estilo de vida. Viven con la idea de lo que pudo ser, cuando saben que no hicieron lo que debían para conservar una relación de calidad. No lo hacen en su relación actual porque no tienen el valor para ser hombres; son mediocres, son patanes.

No puede amarte aquél

que aún vive cargando

a cuestas el pasado.

No puede amarte aquél

que te utiliza para olvidar.

Característica # 20: ¡Los más religiosos!

Característica # 20: **¡Los más religiosos!**

En este aspecto de la religión hay dos extremos con los patanes. Hay patanes muy devotos que se la pasan metidos en la iglesia, ocupando puestos de importancia en sus denominaciones y hasta se saben la Biblia de principio a fin. Predican ante la congregación o participan activamente de los catecismos. Lloran en la misa de los domingos, hasta hacen oraciones largas y dramáticas para que los crean los más devotos. Sorprendentemente, éstos son los mismos que al salir de la iglesia y llegar al hogar te tratan como mierda, esconden una amante, te consideran poca cosa y les vale madre lo que sientes. ¿Dónde quedó el muy cristiano? Su actitud es despectiva y denigrante, muy opuesta a lo que muestra en la iglesia. Caen profundamente en aquello que tanto critica la Biblia; la mentira, el engaño y el adulterio. Tienen dos vidas, una es la vida de apariencia y "santidad" y la otra, la vida de paganismo y lujurias en la carne. Se dejan llevar por sus bajas pasiones, claro, excepto cuando no lo observan aquellos ante los que quiere aparentar ser un caballero.

El otro tipo de patán religioso es aquel que nunca visita la iglesia, no le agrada hablar de temas religiosos o leer literatura religiosa, pero en los momentos de aprieto, acude al falso disfraz de santificarse con la religión. Este patán a veces da la apariencia de ser hasta ateo, no muestra interés en ser practicante de religión alguna, incluso a veces hasta se burla de los devotos cristianos. Para él la religión es como un mecanismo de manipulación y control. Es este mismo patán el que luego te pide una oportunidad al ser descubierto en su adulterio "porque Dios en su palabra no juzga al pecador sino que lo perdona." Es el mismo patán que te pide le des una oportunidad cuando lo dejas mientras te recita casi de memoria que "todo en la relación será distinto porque Dios nos unió."

Estos dos tipos de patanes tienen como similitud utilizar la religión a su antojo. Cuando la religión les golpea con la verdad de su adulterio, sus mentiras, sus engaños y todas sus bajezas, entonces se escudan en que el amor a Dios les hace nuevas criaturas y les perdona sus pecados. Nos lavan el celebro con su juego de palabras para hacernos creer que han cambiado y son nuevas criaturas. Nos quieren hacer creer que si nosotros creemos en Dios y les amamos a ellos tenemos que hacer como hizo Jesús; perdonar todos sus pecados y echarlos al mar (en el olvido). Nos quieren hacer ver que sus pecados "rojos como el carmesí, serán vistos como blanca lana" (Isaías 1:18). Pretenden ser aceptados nuevamente y aquí, no ha pasado nada. No importa cuántas veces el patán prometa cambiar sin cumplir sus palabras, nosotras tenemos que otorgarle el perdón sin recordarles el pasado. Tenemos que perdonar como hizo Jesucristo hasta setenta veces siete, el mismo pecado (como si fuéramos Dios mismo). Pero, ¿sabes qué? Nosotras no somos Jesucristo, nosotras somos de carne y hueso. No podemos permitir que nos atropellen y utilicen escudándose en el amor y el perdón de Dios.

La Biblia es muy clara cuando dice que condena el adulterio, los ojos engañosos, la lengua mentirosa y los pies presurosos a hacer el mal. Dios abomina la mente maquinadora y los labios licenciosos. Dios se enorgullece de los hombres rectos, que no venden su conciencia y llaman al pecado por su nombre (cosa que no saben hacer los patanes). Dios se enorgullece de hombres que dicen al sí, sí y al no, no, y lo representen dignamente.

Muchos interpretan la Biblia a su antojo, creen en ideas seculares y se escudan en fracciones de la Biblia sacándola de su contexto. Pero la Palabra de Dios no se muda ni cambia de parecer. No te prestes para caer en su trampa. Cada vez que utilice fracciones de la Biblia para dominar y manipular tu mente, cítale o recuérdale el texto completo. Con estas palabras no digo que te metas a la religión o te sepas la Biblia de principio a fin, pero sí te exhorto a que conozcas de Dios y enfrentes las mentiras de tu patán. Busca la dirección de Dios y desenmascara a ese farsante que tienes a tu lado. Aunque sea en tu mente ora: "Dios, ayúdame a tener entendimiento y no dejarme convencer por una mente perversa. Dame valor para salir de esta relación enfermiza." Dios mejor que nadie conoce a tu patán, sus intenciones, sus movimientos, engaños y los planes que maquina en contra tuya. Dios en su infinita sabiduría también conoce mejor que nadie tus angustias. Encomienda a Dios tu camino y El te guiará en todo momento.

Si tu patán al ser descubierto en sus faltas de repente es el más religioso y se escuda bajo el manto de la religión o el perdón de Dios, esto te indica que está agotando sus últimos recursos, pues sabe que tiene la batalla perdida y estás a punto de no caer más en su juego.

Nuestras malas decisiones se deben
a que no consultamos primero con Dios.

Característica # 21: **Comprensiva, sumisa y todo lo que ellos necesiten**

Característica # 21: **Comprensiva, sumisa y todo lo que ellos necesiten**

¡Una balanza mal inclinada! La relación con un patán es como una balanza desequilibrada. Un lado obviamente está dando más de lo que recibe y ese lado eres tú. Todo a su lado es pasajero y efímero. Mientras el patán decide si puedes ser o no la que lo acompañe un mes más o sólo un día, pretenderá que seas la mujer comprensiva en todo momento. El patán te quiere sumisa y abnegada ante toda situación, aún cuando te grite y te humille. Casi te arrastra por el pelo o te mata a "cuchillo de palo", y aun así, pretende que seas complaciente en todo. No hallarás espacio para que le reclames, te quejes, opines, ni nada por el estilo. Tienes que ser todo lo que él patán necesita. ¡Ja! ¿Y del otro lado de la balanza? ¡Migajas! Los patanes solo dan las migajas de todo lo que tienen. ¿Tiempo?, cuando les sobra, o sea, cuando no tengan nada más divertido que hacer. Escuchan cuando les conviene, te prestan atención y son cariñosos solo cuando desean sexo y si no hay nadie en la calle que les dé un "canto." Intentan manipularnos como si fuéramos sus muñequitas de peluche.

Cualquiera diría que estamos en un salón de clases y ellos son los maestros. Nos mandan a callar, nos limitan, nos "enseñan", nos dan nota y evalúan cuán buenas o malas somos. Nos quitan nuestras diversiones favoritas y vamos al recreo sólo si hemos sido buenas chicas, según su criterio. Nos utilizan a su antojo y nos sujetan a su voluntad sin que tengamos escapatoria. Y ¿sabes? De algo estoy convencida; hay mejores prospectos allá fuera.

Recuerda que para estar con un patán tienes que estar en sacrificio constante. Sacrificas tu tiempo, faltas a tu trabajo, estudios o actividades sociales para compartir con él. No olvides que él en sus días libres tiene otros planes, en los que no te incluye. Prefiere estar con sus amigos y llenar su casa de gente para estar en compañía de todos, menos contigo. Haces esfuerzos increíbles para complacerlo, esfuerzos que no haces ni por ti misma. Haces miles de cosas para pasar más tiempo a su lado y él no se da ni por enterado. Preparas la casa, el ambiente adecuado, las velas, el mantel, la cena perfecta y pones todo tu empeño y amor, pero aún el patán no está feliz. ¡A su lado todo es una queja! Siempre se muestra desanimado y con cara de infelicidad. ¡Como si todo lo hartara! ¿Será que tanta dulzura lo abruma? ¡No! Es que el desgraciado no lo sabe apreciar.

Recuerdo como hoy que en una relación con un ciento por ciento patán a la cuarta potencia, me ausenté de mi negocio varias veces tan solo para sorprenderle. Dejé de supervisar mis empleados y hacer una lista inmensa de cosas solo por agradarle. Me levanté bien temprano y estuve a primera hora en el centro comercial. Compré velas, aceites, dos ramos de rosas blancas naturales, dos jarrones de cristal, un CD de música instrumental, juego de sábanas nuevas para la cama, fresas con chocolate y chocolate blanco de Godiva. Estuve más de medio día de compras. Luego fui a su apartamento hice una extensa limpieza, que me tomó hasta bien entrada la tarde. Le decoré el cuarto con los dos jarrones de cristal, coloqué en cada uno un ramo de rosas blancas. Coloqué velas por todo el cuarto, coloqué el nuevo juego de sábanas, el incienso, prendí el aire acondicionado de su cuarto para que el aroma se esparciera por la habitación y como toque final esparcí pétalos de rosas blancas por todo el piso y la cama. Me bañé, me vestí y le esperé con muchas ansias. Cuando él llegó se sorprendió un poco, pero no como yo esperaba. Le pedí que se bañara y al llegar al cuarto coloqué el CD instrumental que había comprado. Le pedí que se acostara boca abajo, masajeé todo su cuerpo mientras le daba a comer fresas con chocolate y el chocolate blanco de Godiva. Lo masajeé por todos lados, dejándolo tan relajado que se quedó dormido y roncando. Y ¿cómo me pagó? Semanas más tarde encontré un mensaje de texto en su celular que decía: "Mi amor gracias por las velas y el aceite, te quiero mucho, Yary." El patán tomó mi idea para enamorar a otra. Otro patán tuvo la desfachatez de mantener conversaciones con su ex novia a mis espaldas y hasta llegó a invitarla a quedarse en nuestra casa sin mi conocimiento pues según él, ella tenía problemas con su nueva pareja. ¡Qué clase de patán; se ganó el título mayor!

Viví muchas malas experiencias con estos dos patanes. Resulta que uno de estos patanes tiene tres hijos a quienes amo aún, pues no tienen culpa de tener a un patán por progenitor. Siempre quise que sus hijos se sintieran a gusto conmigo, pero sobre todo amados. Noté que sus cuartos no estaban adornados y que sus hijos no se sentían identificados con sus habitaciones cuando les tocaba pasar el fin de semana con él. Por esta razón, le sugerí hacer unos cambios a las habitaciones de sus ellos. Uno de los cambios que sugerí fue quitarle el plástico protector que le colocan a los "matresses" en las fábricas, porque generaban mucho calor y hacían mucho ruido al dormir. También sugerí pintar las paredes, y colocar algunos adornos. Le hablé de colocar cortinas para que no entrara tanta claridad y los niños pudieran descansar un poco más en la mañana, pues se quejaban de que la luz les molestaba desde temprano. Sugerí colocarle aire acondicionado a sus cuartos ya que los niños dormían con abanicos y él, con aire acondicionado. Luego de obtener su aprobación, me reuní con sus hijos y les pregunté de qué motivo deseaban tener adornados sus cuartos y de qué color. Tan pronto tuve todos los detalles, me fui de compras. Con mi dinero compré pintura rosada para el cuarto de las niñas y pintura azul para el cuarto del niño, tal como ellos lo pidieron. Compré mariposas, pinceles, brochas, rolos, bandejas, materiales de decoración brillo y pega. Encargué mi negocio a una de mis empleadas nuevamente y me dediqué a pintar dos de las paredes del cuarto de las niñas, de acuerdo a los deseos de ellas. Mientras la pintura se secaba, decoraba las alas de las mariposas con brillo y lentejuelas. Estaba realmente agotada, pero al mismo tiempo estaba ilusionada porque pensaba en la carita de emoción que las niñas pondrían cuando vieran su cuarto.

Él llegó de noche y al llegar y ver el cuarto lo primero que dijo fue: "¡Ese color no me gusta! ¿Por qué ese color tan fuerte? ¡Y después semi-gloss, eso ya no se usa!" En esos momentos me cayó un baño de agua fría y sentí nuevamente que estaba en el lugar menos indicado con la persona menos indicada. No esperaba que me hiciera una fiesta por haber pintado el cuarto de sus hijas, pero al menos que fuera agradecido. Me pregunté: "¿Por qué si le invité a que fuera conmigo a comprar la pintura y no quiso y me encargó ese proyecto a mí ahora viene a criticarlo?"

¿Qué pasó al final? Le dije que si no le gustaba el color, lo pintara él, que no iba a decorar más el cuarto de sus hijos. Paradójicamente, a sus hijas les encantó el color y las mariposas cuando las vieron. Pero ya había tomado mi decisión. No decoré más y todos los proyectos que tenía pendiente en el apartamento nunca se terminaron. A fin de cuentas, yo perdí la ilusión de terminar los cuartos por el mal rato. Los cuartos quedaron a medias. Los niños quedaron desilusionados también y el patán nunca se disculpó. De esta lección aprendí que no importaba lo que yo diera o sacrificara, para el patán, nunca sería suficiente.

Si siempre debes ser tú
la que da la milla extra
para que puedan entenderse,
eres tú quien está sosteniendo
algo que hace mucho tiempo se acabó
o que nunca existió.

Característica # 22: **No me importa tu sufrimiento**

Característica # 22: **No me importa tu sufrimiento**

Los patanes nos hacen sentir confiadas al principio para que ingenuamente le narremos nuestras más tristes experiencias. Al hacerlo erróneamente esperamos comprensión y protección de su parte, pero no, el patán usa nuestro dolor para hurgar más nuestra herida y agravarla. Hemos llorado muchas lágrimas al confiarles nuestros secretos, pero esto no los sensibiliza. Los patanes nos preguntan: "¿Qué fue lo que más te dolió de tu pasada relación?" "¿Qué cosas no te gusta que tu pareja te haga?" "¿Qué cosas te harían alejarte de tu pareja?" "¿Qué te haría dar por terminada una relación?"

Al escuchar estas preguntas, nos confesamos como si estuviésemos ante un sacerdote. Nos confiamos y le damos todos los por menores creyendo que está escuchando con atención para evitar cometer las mismas equivocaciones con nosotras, pero nos equivocamos. Están grabando con lujo de detalles todo con el fin de hacernos sufrir aún peor. Repiten exactamente los mismos errores que tanto daño nos hicieron en el pasado.

Peor aún, los cometen hasta más graves y más grandes, haciendo más profunda nuestra herida. Graban nuestro sufrimiento en sus mentes, no para aliviarlo, sino para destruirnos, para defenderse cuando se descubren sus actos de patanes.

Grabando en sus mentes lo que nos hicieron otros patanes, les hace sentirse con base para escudarse. Parecen decirse: "Si éste le hizo eso, yo puedo hacerlo también y aún peor." Recuerda que para los patanes estar a la cima de todo les hace sentirse mejores. Así se sienten con autoridad de lastimarnos nuevamente sin piedad. De esta forma tienen la excusa perfecta para sus canalladas y luego decirse a sí mismos: "Ella no está sufriendo tanto porque ya había pasado por esto antes." "La pareja que tenía antes lo hizo peor." "Ella no está así por esto que estoy haciendo sino porque está muy sensible y susceptible por todo lo que ha pasado antes y ahora la estoy pagando yo." Nuestro dolor pasado les hace sentirse con el derecho y la confianza de lastimarnos otra vez sin ningún remordimiento.

Para los patanes nuestro pasado no es ni una milésima parte del dolor que ellos han sufrido. Los patanes siempre sienten que han sufrido más que el resto del mundo, sobre todo más que nosotras. Se auto compadecen de su dolor (que ha sido provocado por ellos) para cada día ser más patanes. Si estamos sufriendo en la relación con ellos, este hecho será omitido, pues es que "estamos muy sensibles." Nuestro sufrimiento, dolor y frustraciones son echados a un lado y vistos como algo irrelevante, superfluo y como un mecanismo de control para ellos. Aléjate del insensible, si te hace llorar y no le importa tu dolor, es un patán de la peor calaña.

Quien no toma en cuenta tu sufrimiento,
tampoco tomará en consideración
cuán profundo te lastimará.

Característica # 23: ¡La bendita desconfianza!

Característica # 23: **¡La bendita desconfianza!**

Las relaciones amorosas son como un "búmeran", funcionan en base a reacciones. Ambos comienzan la relación entusiasmados, porque es un nuevo comienzo. Es una nueva oportunidad, un cambio. Se sienten emociones y cambios físicos que se creían perdidos. De repente sientes que has vuelto a la vida, te renuevas.

Todo está perfecto, hasta que tu patán comienza a fastidiarte la vida. Comienza a compararte, criticarte, juzgarte y a ser indiscreto. No mide sus palabras, te ofende y te cuelga el teléfono. Ya no te encuentra tan atractiva, se muestra alejado e indiferente. Evade los momentos íntimos y ya no sostiene relaciones sexuales contigo con la frecuencia o el deseo de antes. Ante esta actitud poco afectuosa y hasta distante, es natural que surja desconfianza en ti hacia el patán. Desconfías de que sea él la pareja indicada para ti. Desconfías incluso de sí será él quien pueda llenarte del amor y atención que necesitas. Comienzas a sentir celos y sospechas de que algo no anda bien en tu relación.

Durante el tiempo que sales con un patán te enfrentas a muchas situaciones que te dan una corazonada de que algo no está bien. Tal vez a primera vista no sepas que se trata, pero sabes que hay algo que a tu mente y a tu cuerpo no le está haciendo bien. Tal vez, ha pasado ya un tiempo y no logras identificar eso que te hace sentir rara, incómoda, angustiada y como flotando sin sentido.

Los patanes son excelentes actores y excelentes manipuladores. Con ellos estamos en un constante juego de ajedrez en el cual hemos dado una mirada al amor, nos espaciamos y por hacerlo, nos perdimos varias de sus jugadas. Los patanes mueven sus fichas hábil y rápidamente sin que lo notemos. Mienten vil y descaradamente ante nuestros ojos. Mienten con su rostro relajado e impávido, como si nada estuviese sucediendo. Mienten una y otra vez con naturalidad experta, casi imperceptible. Se envuelven tanto en la mentira que hasta llegan a considerarla una verdad absoluta. Si son descubiertos en alguna mentira o engaño, inventan otra mentira, otra y otra, todas con un el espectáculo muy bien planificado y premeditado. Cuando todo ese enjambre de mentiras es desenmascarado con evidencias explícitas, recurren a la manipulación de los hechos. Utilizan frases dichas hace meses, gestos, discusiones o simples pretextos pasados para encubrir su naturaleza mentirosa. Tergiversan su jugada para tratar de mostrar que somos las culpables. Manipulan todos sus enredos para probar su "inocencia."

Si tu pareja recurre
a manipulaciones y actuaciones
para controlar tu mente,
es evidente que no te respeta
y menosprecia tu valor.
El hombre que te ama,
no te manipulará.
No tendrás que desconfiar de él
porque con su amor
te mostrará la verdad.

Característica # 24: **Cuando se van en retirada**

Característica # 24: **Cuando se van en retirada**

Aquí es cuando la relación llega a un punto donde sabes ya demasiadas cosas de él. Conoces de sus apariencias y defectos y es aquí cuando elige irse en retirada. Cuando demandas atención, calidad de tiempo y honestidad ante todo, él disimula, pero se espanta. Cuando cuestionas sus jugadas y deseas ser parte de su vida o mantenerte al tanto de lo que hace con su tiempo (cuando se desaparece), se le colma la taza y emprende la retirada. Cuando deseas saber en qué invierte su tiempo cuando no está contigo, ya es demasiado para él, se siente acorralado. Cuando deseas más unión entre ustedes y no algo superfluo, prepárate; te van a dar una estocada. Tu patán comienza a sentirse cohibido de hacer sus fechorías libremente. Se molesta de tolerar tus "estupideces" y alega que lo quieres controlar, que ya no tiene libertad. Insiste en nombrarte posesiva, alegando que el estilo de vida de ambos es muy diferente y que no puede tolerar más la situación. ¿Te suena conocido? Es entonces cuando comienzas a establecer tus límites y a reclamar tus derechos, pues deseas formar una vida a su lado y acoplarte. Cuando comprendes por fin que tienes el derecho de exigir, demandar y reclamar, tu patán comienza a irse en retirada.

Los patanes no desean firmar un pacto final, firme y sincero. Los patanes prefieren vivir libremente, haciendo lo que les place a sus anchas. No desean que ninguna les coloque las cartas sobre la mesa y termine con su juego. No está en sus planes doblegarse, dejar sus amistades, la calle, las bebidas, las fiestas y las mujeres fáciles de atrapar, que no exijan. Simple y sencillamente deciden que no pueden estar a tu lado porque deseas una relación clara y transparente, de igualdad, sinceridad y respeto para ambos. En otras palabras no están preparados para una relación y necesitan huir.

El hombre que realmente te ama,
no querrá separarse de ti y
mucho menos huirá al sentirse amado.

Característica # 25: **Provocan la separación y el hastío**

Característica # 25: **Provocan la separación y el hastío**

Cuando la relación se ha tornado un poco más formal, tu patán se siente incómodo, arrinconado, hostigado y cohibido de hacer lo que se le antoja. Inventa la excusa de que quieres formalizar la relación y de que "vas muy a prisa." Alega que se está envolviendo y no está preparado para una relación y buscará un sin fin de excusas tontas para alejarte. Reconoce que no puede acarrear la responsabilidad de hacerte feliz, brindarte respeto y estabilidad emocional. Sin embargo, tampoco tiene los pantalones en su sitio para enfrentarte y decirte que no es un hombre, sino un patán y que quiere andar como un perro suelto, viviendo aventuras y pasiones locas. Lo más fácil para el patán es crear fisuras y divisiones en la relación. ¿Cómo? Bien fácil. Trabajará duro para dañar todo lo que has querido construir para los dos. Te dejará sola más tiempo del debido, no medirá sus palabras y le dedicará más tiempo a sus amigos y a sus pasatiempos. Se mostrará indiferente, desapasionado e insensible. Te descuidará y te criticará aún más.

Al hacerte sentir menos o nada importante en su vida, buscará que te hastíes. Busca provocar la soledad y el vacío en ti, desencadenando la necesidad de que alguien llene el vacío emocional y sexual que te ha dejado. Tu patán solo está buscando que caigas en un círculo vicioso. Busca que tus sentimientos de amor hacia él sean transformados en desesperación, vacío y dolor. Desea que empieces a cuestionarte si realmente quieres seguir en la relación con él. Tal vez te preguntas: "¿por qué si no quiere estar a mi lado no me lo dice con franqueza?" La realidad es que tu patán nunca te lo dirá, no tiene el valor, ni las agallas para decirte la verdad, porque no es un hombre, es un patán.

No tiene valor para mirarte a la cara y decirte: "Me estoy enamorando de ti y reconozco que estamos entrando en una etapa más formal en nuestra relación, lo cual me asusta porque requiere un cambio en mi estilo de vida y no quiero sentirme controlado." Le faltan pantalones para decirte: "Esta relación está tomando un curso inesperado para mí, creo que es un poco apresurado, que hay demasiada formalidad o compromiso y no deseo esto, porque no me siento preparado para amar así." Pudiera ser aún más honesto y decir: "No quiero continuar a tu lado, he evaluado mis sentimientos y siento que no te amo de la misma forma que tú me amas a mí, deberíamos separarnos. No quiero engañarte ni hacerte sufrir."

Jamás esperes este tipo de confesiones de un patán. Los patanes son cobardes para enfrentar sus decisiones. No quieren decirte la verdad, no porque tú les importes y teman lastimarte, sino porque, saben que al sentirte herida y no correspondida, sacarás la verdad de su vida ante la mirada de otros. Sabe que lo vas a desenmascarar. En el fondo, lo más que le preocupa a tu patán es que si te vas llevando contigo todos esos sentimientos negativos hacia él, será descubierto frente a todos. Al desenmascararlo, no podrá engañar a otras como a ti y perderá su imagen de "macho." Ya no le será tan fácil meter a otra en su cama con los engaños que te hizo creer a ti. Por esto es más fácil para tu patán derrumbarte, alejarte, crear fisuras y heridas en ti, para que tú misma te canses y te marches. Al crearte estas heridas, provocará que hagas algo estúpido para sacarte de su vida. De esta forma hallará la excusa perfecta para decirle a otros que la relación no funcionó por causa tuya.

El preferirá cansarte y alejarte creando confusión y frustración en ti. Así evitará tu coraje inmediato y te causará mucha culpabilidad. Mientras tú, al no saber realmente qué lo alejó de ti, quedarás susceptible y desolada. Buscarás la forma de saber que provocó esta decisión en él. Estos deseos de recuperarlo te harán presa fácil para que te utilice nuevamente. Cada vez que el patán te dé una llamada, una mirada o te envié un email, creerás que desea una reconciliación y serás presa fácil. Lo único que conseguirás al caer a sus pies, será terminar en su cama y ser utilizada otra vez. Justo lo que el patán desea, usarte sin tener que sentir por ti. Él sólo busca alguien que le resuelva cuando necesita una noche de pasión, pero sin responsabilizarse de sus sentimientos.

El patán va a preferir que la decisión de terminar la tomes tú, para utilizar la estrategia de ser la víctima y el sufrido. Una vez más, jugará a necesitar tiempo y estar confundido, se escudará bajo indiferencias y miedos que provocarán tu hastío. Inventará toda excusa y pretexto buscando que quedes acorralada sin otra elección más que la partida.

Si no puede ser honesto
para mostrarte sus sentimientos,
no es un hombre de fiar y no te merece.
Si busca provocar
una separación entre ustedes,
es que no está convencido
de querer seguir a tu lado
y más importante aún, no te ama.

Característica # 26: **De repente, "¡tengo mucho trabajo!"**

Característica # 26: **De repente, "¡tengo mucho trabajo!"**

Como los patanes son cobardes, intentan múltiples razones para terminar la relación. Proyectan en ti sus frustraciones y temores. Inventan toda clase de quejas, problemas y desacuerdos. Como dicen por ahí: "a todo le sacan cinco patas." Todos esos defectos, situaciones, desacuerdos y sin sabores (que en su mayoría no tienen importancia) sólo persiguen un propósito: destruir toda ilusión o compromiso contigo. No desean darse el lujo de permitir que esa relación sea una íntima y profunda. Inventará que ya no te arreglas, que has cambiado, que lo quieres controlar, que no puede con tu familia, que los amigos le dijeron... (entre muchas otras cosas) para alejarte de su vida. Si luego de inventar de todo, aún no te has alejado porque lo amas, utilizará su mejor artimaña para el final, de repente "tengo mucho trabajo" o traducido: "No tengo tiempo para ti."

Realmente los patanes se las saben todas. ¿Quién va ir a reclamarle al jefe de él? Ante esta artimaña, estás entre la espada y la pared, pues te tienes que comer el cuento del trabajo. Creo que cualquier mujer se hartaría de una relación en la cual casi no ve a su pareja, se le da el segundo lugar, mejor dicho el último, pues su agenda diaria está muy cargada como para atenderte. Es ahora cuando el patán comienza a notar lo efectivo de su plan y de sus esfuerzos y nosotras a sentirnos más solas que nunca. Le divierte incluso notar que su plan le está resultando a las mil maravillas.

Debido a la excusa de su trabajo saldrá en las mañanas a toda prisa sin casi mediar palabra contigo y hasta sin despedirse. Continuando con la trillada excusa (puede usar otras muchas), no tendrá tiempo durante el día para darte una llamada o enviarte un mensaje. Su trabajo será la excusa para salir tarde de su oficina y no responder a tus llamadas cuando quieras saber dónde está. "Por su trabajo" no tendrá días libres para dedicarte y se sentirá cansado todo el tiempo, pero no lo suficiente para apagar su celular y dejar de responder llamadas a todas (menos a ti). Pasarás al último plano de su "atareada" agenda cumpliendo así su mayor propósito, dejarte saber con sus acciones que ya no desea que formes parte de su vida, ni te metas en sus asuntos.

Rendidas, nos inunda la soledad, el vacío y la confusión. Deseamos ardientemente encontrar a alguien que nos acompañe, que nos haga recordar que aún sentimos y valemos mucho. Comenzamos a sentirnos agobiadas, nos atraviesan miles de pensamientos, incluso la infidelidad. Somos presionadas contra la pared para que utilicemos una válvula de escape de la cual se aprovecha para salir victorioso y nosotras culpables.

Ama a quien te dé el primer
lugar en su agenda diaria.

Característica # 27: **La excusa perfecta... ¡la maldita cueva de Marte y Venus!**

Característica # 27: **La excusa perfecta... ¡la maldita cueva de Marte y Venus!**

Como no comprendes la actitud de tu patán, te desesperas. Piensas que tiene otra (lo que no deja de ser cierto). Piensas que ya no eres tan atractiva, te llenas de complejos y frustración, piensas que se ha acabado el amor; incluso que eres incapaz de retener una pareja. En esos intentos desesperados comienzas a leer libros de autoayuda y libros para parejas buscando qué es lo que has hecho mal. Hasta decides acompañarle a su iglesia, (que tal vez no es la que más te gusta). Inventas toda clase de estrategias con tal de que la relación funcione. Haces miles de esfuerzos, le citas revistas, documentales o noticias para motivarlo a poner un poco de empeño en la relación.

En esas, se te ocurre recomendarle o citar el libro *Los Hombres son de Marte y las Mujeres son de Venus*. Con este libro intentas animarlo y que te confíe lo que le sucede. Tratas de hacer algo para remediar su distanciamiento. Tal vez compraste el libro, tal vez lo compró él luego de tanto tú recomendárselo. Tal vez lo pidió prestado o solamente escuchó lo que dijiste algunas veces sobre el diálogo de la cueva. La cueva, según el libro, es donde se ocultan los "hombres" (como Neandertales), por temor a dialogar de frente, porque son cobardes. Aunque el libro explica claramente la metáfora y realmente tiene el propósito de ser una herramienta de ayuda, tu patán lo manipulará a su conveniencia. El libro dice que si le das el espacio que él necesita y la confianza plena, en algún momento saldrá de su cueva y te dirá lo que le sucede. ¡Claro! Pero el patán de tu vida tergiversa todo para usarlo a su antojo. Como patán al fin desecha lo bueno y toma únicamente lo que le conviene.

Comienzas a darte cuenta que la maldita cueva y todo el tiempo del mundo no son más que patrañas moldeadas a su conveniencia. Maldices mil veces haberle comentado lo de la cueva, pues ahora, hasta te saca el librito y te lo cita, para que lo dejes en paz. Los patanes se escudan en esta falacia para que no les cuestiones cuando te dan la espalda en la cama sin decirte media palabra. Utilizan esto como excusa para dar por terminada las conversaciones que no le convienen y no permitirte expresarte.

El hombre que te ama
lo menos que hará será alejarte y
escudarse en ideologías baratas
para sacarte de su vida.
Buscará el diálogo
para llegar a un entendimiento contigo
y aclarar toda duda.

Característica # 28: ¿Su cueva o en su propio mundo?

Característica # 28: ¿Su cueva o en su propio mundo?

Todo en la vida tiene dos vertientes. La teoría de la cueva para los hombres es concebida como una herramienta para ayudarse y permitirle a su pareja que lo entienda. Pero para los patanes no tiene otra definición que la excusa perfecta para encerrarse en su propio mundo. Los patanes se esconden en su propio mundo con toda intención y alevosía. Su mundo, o sea, sus amigos, sus "jangeos", sus fiestas, el alcohol, sus otras mujeres, sus "preocupaciones" y todo lo que inventan son sólo pretextos para dejarnos fuera. Si tu pareja te amara realmente, notaría que estás tratando por todos los medios de llegar a su corazón de diferentes formas. Trataría de buscar el método efectivo y menos hiriente para hacerte saber, cuándo necesita tiempo y espacio y te diría por qué. El encerramiento y la meditación tan prolongada aislándote de su vida no es natural. Cuando el aislamiento es hiriente, repentino y sin razón, significa que el sentimiento de amor no es real. Sus dudas acerca de la relación que sostiene contigo, le hacen dar cabida a terceras personas y situaciones negativas, provocando el desastre entre los dos.

Esto no significa que no tengamos momentos para estar solos, no. Todos en algún momento necesitamos soledad para encontrarnos a nosotros mismos, pero no es normal hacerlo por un periodo tan prolongado y frecuente. Se evidencia que los espacios creados por los patanes son con la intención de rechazarte y sacarte de su vida.

Cuando el amor es real y verdadero,
no se excluye al ser amado, más bien,
lo conviertes en parte de tu vida.

Característica #29: "¡No me presiones, me quieres controlar!"

Característica #29: **"¡No me presiones, me quieres controlar!"**

Todos en algún momento necesitamos espacio para estar a solas. No todos los días nos sentimos del mismo ánimo. Hay días que estallamos en llanto y otros días reímos por todo. Hay días que hubiésemos preferido no levantarnos de la cama, días en que todo nos hace molestar o sentirnos desechas. Esto no significa que seamos bipolares o tengamos problemas psicológicos. El ser humano es como el mar. Tiene mareas altas y mareas bajas y el viento lo mueve a voluntad.

Sin embargo, en el caso de los patanes nos enfrentamos a un mar violento y bravío. Un mar de aguas turbulentas y engañadoras al cual, no solo el viento lo mueve, sino que todo a su alrededor, por mínimo que sea, le provoca una tempestad. Disfrazan el término espacio con aislamiento. Muestra de esto es que cada vez que deseas tocarlo, abrazarlo o expresarle tus sentimientos, se escuda bajo la famosa frase "quiero espacio." Frase que manejan a su antojo, despojándonos de la libre expresión y destruyendo el anhelo de estar a su lado. Somos rechazadas, tratadas con frialdad y restringidas de expresar nuestro amor libremente sólo porque necesitan "espacio" o "tiempo."

Irónicamente, los patanes con sus actitudes no muestran que necesitan tiempo, sino que su forma de expresarse hacia nosotras y sus gestos demuestran rechazo. Somos sustituidas por sus pasatiempos preferidos, sus amigotes, las máquinas de juego, fiestas o hasta por una siesta. El espacio que piden y demandan no es para reconfortar su alma, sino para evidenciar que no desean seguir involucrados contigo, ni dándote más espacio para que estreches lazos con él.

Para los patanes tener su espacio no significa tiempo de meditación y descanso. El espacio que reclaman es provocado en muchos casos por el remordimiento. En el fondo no pueden sentirse a gusto al saber que faltan a la integridad, al pacto de amor y confianza que les ofreciste al dedicarles todo tu tiempo y tu amor. Su conciencia les recrimina, pero la ensordecen con vicios, fiestas y más mentiras. ¡Imagínate! Tiene que ser abrumador para ellos pensar durante todo el día en las mentiras que han dicho y recordarlas en su totalidad para no ser descubierto contradiciéndose en alguna.

Los patanes se ven forzados a recordar caras, nombres, lugares y eventos a los que asistieron con otras para no equivocarse. Necesitan recordar cada detalle, no sólo qué posiciones hicieron y con quién, sino también en dónde para no equivocarse cuando su pareja le recuerde algún momento de intimidad que compartieron semanas o meses antes. Es por esto que los patanes rara vez utilizan tu nombre, para no equivocarse. Sustituyen tu nombre por: "linda", "beba", "mamita", título que le confieren a todas por igual. Esta característica está muy ligada a la proyección.

Los patanes insisten en que cambies, que mejores, que no hagas, que no digas, que le agrades a sus amigos, y muchísimas otras cosas que ni ellos mismos harían o dirían. Durante toda la relación tienes que aguantar muchísima presión, dejarte controlar y cambiar a su antojo, en fin, dejar de ser tú misma. Sin embargo, él no te permite reclamarle por sus aislamientos, sus engaños, sus maltratos e infidelidades. Si le reclamas, el patán te acusará de presionarlo, ser muy insistente y "joderle" la vida. Los patanes pretenden que lidiemos con su cambio de humor, indiferencia y aislamiento sin razón y encima de esto no nos permiten preguntar al respecto.

Enfrentarnos a su desamor repentino, sin pedir explicaciones, es totalmente injusto. Lo buscas para tratar de unirte a él y es como andar pisando huevos, todo lo que haces es empeorar la situación. Tu intención de saber qué le sucede y remediar su mal será interpretado como que lo persigues y lo presionas. El patán es tan tonto que no puede ver que estás buscando una solución a los males que lo aquejan. En realidad, el patán es como el comején, destruye, destruye y destruye.

No confundas el aislamiento y el rechazo,
con la necesidad de espacio.
Si no desea que estés a su lado,
enfréntalo y sigue tu camino.
Comparte tu vida con quién no desee
que haya distancia entre ustedes.

Característica # 30: **El afecto; ¿dónde quedó?**

Característica # 30: **El afecto; ¿dónde quedó?**

Cuando se ama no se establecen límites, ni horarios. El amor se expresa a cada instante; el amor verdadero no se puede contener. Eso es lo maravilloso del amor, su espontaneidad y naturalidad. Hay un pasaje de la Biblia que me encanta pues define en su totalidad lo que es el amor, el verdadero amor. 1 Corintios 13:4-8 dice: "El amor es sufrido, es benigno; el amor no tiene envidia, el amor no es jactancioso, no se envanece, no hace nada indebido, no busca lo suyo, no se irrita, no guarda rencor; no se goza de la injusticia, mas se goza de la verdad. Todo lo sufre, todo lo cree, todo lo espera, todo lo soporta. El amor nunca deja de ser; pero las profecías, se acabarán, y cesarán las lenguas, y la ciencia acabará."

Es maravilloso saber que el amor que te da tu pareja es verdadero, sufre contigo, es bueno y se desvive por ti. No tiene envidia para contigo, no compite, al contrario desea que ambos sean iguales. No se jacta ni presume, porque el que te ama, no se cree superior a ti. No hace nada indebido ni te miente; no te calumnia, no te engaña, no te es infiel ni te lastima. No anda buscando complacerse a sí mismo porque su prioridad no es su propio bienestar, sino el de ambos como pareja. No quiere decir que no haya diferencias o enojos; lo que significa es que a pesar de los momentos de coraje, el amor prevalece y no es causa para una ruptura. No será volátil; ni efímero o pasajero, por el contrario echará raíces profundas.

El amor será tolerante y paciente. No significa que se eche todo al olvido, sino que se aprende de las experiencias de forma constructiva. Puede ver el dolor que le han hecho desde una perspectiva sana y madura. No se goza de lo injusto contra ti y contra los tuyos. Pondrá todo su empeño para actuar con rectitud y en tu favor. Se deleita en la verdad y la honestidad en todo momento sin importar las circunstancias. Todo lo sufre; sufre si estás mal, si algo te aqueja o te abate. Confía y no tiene dudas de ti (por eso los patanes nos cogen de idiotas). Todo lo soporta; quiere decir que cuando amamos intentamos salvar la relación una y otra vez. Cuando amas y te aman la relación perdura por años, el amor madura y se transforma, pero sigue siendo amor.

Los patanes nunca aprenden o participan de esta experiencia. Por el contrario gritan, enmudecen, nos ignoran, nos alejan o peor aún nos consideran un mueble de la casa. Los patanes se aíslan y no muestran ni una pizca de afecto y cariño hacia nosotras de un día para otro. Entonces te preguntas, ¿qué sucedió?

La respuesta es que los patanes no aman; se infatúan. La infatuación según La Real Academia Española, es sinónimo de actuar. Actuar es sinónimo de pretender, de crear o mostrar algo que no somos. La actuación es fingida; no proviene de un sentimiento real. Los patanes pueden sentirse infatuados por la apariencia física, por tu posición, por los gestos, las miradas, las caricias y por las emociones instantáneas que experimentan cuando están a tu lado, pero ésto no es amor.

El patán le hace creer a su pareja y a sí mismo que lo que siente es amor cuando ni tan siquiera sabe explicar por qué siente que ama o qué despertó en él ese sentimiento. La prueba de que los patanes se infatúan y no aman, sino que pretenden, actúan o fingen su amor por ti, queda evidenciado cuando se les hace muy fácil pasar del "amor" al maltrato provocándote heridas, denigrándote y utilizándote. Cuando suelen engañarte y despojarte de tu fortaleza y seguridad sin hacerse responsables por sus actos y sin sentir remordimiento alguno por ello. Se evidencia cuando su rechazo, su manipulación, sus mentiras y sus prácticas injustas contra ti, devalúan tu persona constantemente. Los patanes no se aman ni se respetan a ellos mismos, mucho menos pueden amarte y respetarte.

El amor no da paso a dudas,

no te mutila, ni corta tus alas.

El amor está en constante crecimiento

y sus frutos son abundantes y dulces,

en tiempos buenos y tiempos malos.

Característica # 31: ¡Te prefiere muda!

Característica # 31: ¡Te prefiere muda!

Si luego de dar más de veinte vueltas por la casa recogiendo todos sus "regueros", tienes la espalda casi partida en diez pedazos y si no tienes fuerzas ni para darte un buen baño; quieres quejarte pero... él te preferirá muda. Luego de haber cuidado todo un fin de semana los niños (incluso los que tuvo con una pareja anterior), todos de diferentes edades y con diferentes gustos y después de pasearlos por diferentes lugares y dedicarte como esclava a cuidarlos; quieres hablarle; pero él te preferirá muda. Si al salir del trabajo prefiere irse con sus amigos a beber mientras lo esperas con la cena preparada y tu mejor "negligé", cuando al fin decide llegar y le preguntas, él te preferirá muda. Si le aconsejas que se cuide de regreso a casa tan tarde, pues el camino es largo y el cansancio combinado con el alcohol puede ocasionarle un accidente, pero aun así lo sigue haciendo deliberadamente hasta que un día le sucede; él te preferirá muda. Si él te jura que te es fiel y que nunca en la vida te ha engañado, pero descubres mensajes de texto y de voz en su teléfono, si encuentras hasta fotos y el día menos pensado su pecado es evidenciado; él te preferirá muda. Tu patán preferirá que no hables ni le digas: "viste, te lo dije", "te lo advertí", "debiste hacerme caso."

Los patanes quieren hacer las cosas a su manera y no tener a nadie detrás recriminándole. No desean que les señalemos sus errores y mucho menos quieren tener que darnos la razón. Para ellos somos meras estatuas decorativas, que no sienten ni padecen. Quieren que actuemos como si no nos dolieran sus actos de atropello. Piensan que no necesitamos hablar, desahogarnos o quejarnos.

Los patanes se sienten fastidiados de escuchar nuestros consejos o advertencias. Les molesta responder a nuestras preguntas y recibir nuestros cuidados. Interpretan todas nuestras palabras como mecanismos de manipulación. Nos comparan con sus madres y alegan que le cantaleteamos mucho (la verdad que este no debería ser nuestro papel). ¡Cómo no hacerlo cuando se comportan como niños pequeños! Si fuesen más inteligentes no tendríamos que andar detrás de ellos componiendo todo lo que destruyen a su paso.

Los patanes son como niños ignorantes, no tienen sentido común y tienen que ser llevados de la mano. Actúan terca y alocadamente, por impulso. Tampoco desean escuchar quejas, pero hacen todo para provocar las mismas. Los patanes no desean una mujer, desean una muñeca con controles que ellos puedan encender y apagar a su antojo. A las muñecas se les puede exhibir y manipular sin que digan una sola palabra. Cuando los patanes se cansan, las tiran al cajón de juguetes viejos por si acaso más tarde las necesitan. Las muñecas aguantan todo lo que el patán les dice sin quejarse. (Recuerda, las prefieren mudas.) Lo que el patán no percibe es que las muñecas son huecas, vacías, artificiales y no tienen ningún tipo de sentimientos o afecto por ellos. Obviamente, no somos muñecas; sentimos, padecemos y merecemos respeto. Para el patán, esto es increíblemente imposible de aceptar.

No podemos estar cansadas, porque nuestro sacrificio no es visto como un trabajo. Jamás los quehaceres del hogar o nuestras obligaciones diarias tendrán la presión o importancia que su trabajo tiene. Es así como al final del día, sólo ellos tienen derecho a estar cansados; porque el "trabajo duro" lo hacen sólo ellos. Actúan como si nosotras nos estuviésemos viendo la cara todo el día en el espejo. ¿Es que acaso no es suficiente atender el hogar, el trabajo, los niños y las presiones y baboserías de ellos?

Los patanes consideran que no tenemos el derecho de pedir ayuda porque se supone que somos las llamadas a manejar todo lo del hogar, los hijos y cualquier situación que surja de momento. Sin embargo, salen a ocupar el primer lugar en la fila cuando hay alguna situación en la que ellos puedan quedar como héroes, como padres responsables o compañeros comprensivos, cooperadores y amorosos. ¿A quién creen que engañan? ¿No son ellos los que se irritan cuando pedimos que cumplan con estos roles? Tu patán te preferirá muda, porque sabe que tú tienes la razón. Tu patán te preferirá muda porque al hablar y pedir explicaciones desenmascaras su verdadero yo.

Resulta entonces que te ves en este panorama, insatisfecha con tu relación de pareja. Prácticamente estás maniatada e imposibilitada de actuar y de expresar lo que sientes y necesitas. No puedes quejarte, sugerir, comentar, exigir o demandar su atención y el amor que mereces. Tu pareja resulta ser el más atareado, no tiene tiempo para tus "estupideces" y se considera a sí mismo el más incomprendido. No se comunica, no comparte y prefiere llenar la casa de gente para no tener que estar a solas contigo. Sin duda sientes ganas de llorar, pero al hacerlo tienes su mirada irónica sobre ti y te hace sentir como una tonta. A la mañana siguiente te despierta y piensas "está arrepentido" y crees que tus lágrimas lo han conmovido. ¡Qué decepción! Para tu sorpresa, te está levantando para enseñarte que el cuello de su camisa blanca se quedó sucio cuando lo lavaste porque no lo frotaste lo suficiente antes de echarlo a la lavadora.

Vas detrás de él por toda la casa recogiendo sus zapatos, medias y todas sus porquerías. Lavas y doblas su ropa, barres, mapeas, limpias sus platos sucios y ni un "gracias" a cambio. Sólo premia tu esfuerzo con críticas y nuevas exigencias.

Resulta ser que el señor incomprendido no te considera suficientemente buena como para que seas el amor de su vida. Mucho menos te considera su compañera y nunca en su vida serás el ideal de esposa que sueña, aunque sí podrás ser una excelente sirvienta. No dirás media palabra por no agravar la situación y accederás a todas sus peticiones porque lo amas y deseas hacerlo feliz. Es el negocio perfecto para él, no te paga un sueldo y eres un resuelve para cuando no encuentra con quién tener sexo en la calle.

Una relación seria y honesta
no será un monólogo.
Por el contrario, será un diálogo constante,
abierto y franco entre ambos.
Será un diálogo abierto y sin límites
en el que ambos podrán aportar ideas.

Características # 32: ¡Sexo! ¿No tan frecuente?

Características # 32: ¡Sexo! ¿No tan frecuente?

¡El sexo uno de los grandes placeres de la vida! Si bien para algunos el sexo es un tabú, un dolor de cabeza o un mal necesario, para otros el sexo es todo un deleite, la máxima expresión de la pasión y todo un derroche de lujuria. Algunos lo catalogan como una fuente de relajación total, que les permite transportarse a otro nivel. Algunos lo consideran una tortura de diez o quince minutos en los que tienen que fingir y ocultar muchos de sus verdaderos y contradictorios sentimientos.

¿Por qué no hablar del sexo? Después de todo, somos producto del sexo. Además, casi todos participamos el sexo con más o menos frecuencia. ¡Qué lástima que no todos lo disfrutan y lo llevan a su máxima expresión!

El sexo ha sido causante de dividir naciones, iglesias y familias a lo largo de la historia. Sin embargo, fue constituido por Dios para el hombre, para su deleite y como método de reproducción. El sexo tiene el propósito de ser la mayor entrega de tu amor para el ser que amas. Se supone que sea el clímax de dos personas enamoradas. El sexo es el transporte para que la pareja maximice su amor. El sexo es apenas el comienzo de muchas aventuras juntos, no debe ser jamás el final. Sin embargo, los patanes, sólo los patanes, destruyen este delicado altar del amor.

Los patanes, cual animales salvajes, se agazapan, esperan el momento y devoran a sus presas. En ocasiones cazan a sus presas, no porque tengan hambre, sino por manosear, juguetear y demostrar cuantas presas son capaces de controlar y dominar a su antojo. Cual animales salvajes andan mordisqueando presas por la vida. Pasan de una presa a la otra sólo por placer, viciosamente. Liberan sus instintos animales dejando a sus presas gravemente heridas y luego se lanzan a perseguir otras presas, huyendo sin el más mínimo sentimiento de culpa. Se satisfacen al dejar atrás muchas víctimas heridas y desangradas.

Los patanes no tan solo esperan el momento exacto para obtener ventaja y favores sexuales, sino que también, en el proceso, pierden el interés fácilmente. Durante el inicio de la relación tienen la urgencia de descubrir lo que tienes entre las piernas, (como si no supieran lo que tenemos). Los patanes presionan e insisten en poseernos y devorarnos de un solo golpe y de prisa. Una vez tienen lo que quieren, pierden el interés en nosotras y nos desplazan. Un acto tan sublime, es para ellos, una simple erección. Nada más que una simple eyaculación apresurada, llena de urgencia y curiosidad. ¡Y nosotras trepando paredes! Convierten el sexo en reflejo de sus vidas. Reflejan en el sexo lo que llevan en sus mentes cautivadas por su amor propio y egoísta. Hacen del acto lo que son en su día a día; tipos desatentos, vacíos y sin escrúpulos. Tocan sin sentir y miran por mirar. Sus mentes se concentran en la fricción y en alcanzar su propio placer. En su egoísmo no dedican tiempo al preámbulo y a la preparación de su pareja. Lo que en el inicio era un "debut" de caricias, juegos, palabras dulces y eróticas y estimulaciones, es ahora para ellos nada más que quitarte la ropa, darte un beso frío, penetrar y culminar. Matan el acto, la sensación y el deseo. Te inhiben de practicar nuevas caricias, posturas y juegos.

Esto no significa que para los patanes el sexo ha pasado a un segundo plano. Al contrario, el sexo sigue ocupando la prioridad en sus vidas, pero no contigo. Una sola cosa es cierta e invariable en los patanes; les encanta el sexo, pero con múltiples personas. Les encanta el sexo en diferentes lugares, practicar diferentes posiciones y formas, pero con diferentes personas. Es probable que recuerdes cuando tu patán te hacía el amor en todas partes. En la cocina, en la playa, en la marquesina y de muchas formas distintas, pero de un tiempo para acá notas que no puede o no quiere hacerlo tan frecuentemente. ¡Es obvio que lo está haciendo con otra u otras! ¡Se aburrió! ¡Perdió el interés! Y tú todavía tiemblas al menor roce de su cuerpo.

Los patanes disfrutan practicando el sexo en diferentes lugares. Les gusta experimentar cosas nuevas, satisfacerse a su antojo con otras personas, generalmente distintas a ti. Observen que digo personas y no mujeres, pues algunos patanes experimentan no solo con mujeres, sino también con personas de su mismo sexo. Me imagino que estas pensando: "¡Imposible, mi pareja nunca haría eso!" ¡Piensa otra vez! Lamento decirte, amiga, que no estés tan segura y sí más alerta. Te sorprenderás de lo que algunos son capaces de hacer a tus espaldas. Observa su postura frente a sus amigos cuando cree que no lo miras. Observa con atención su reacción ante hombres desconocidos y verás muchos indicadores. Gestos y movimientos corporales que a lo mejor no hace comúnmente.

Los patanes suelen mostrarse cansados, desanimados y tal parece que hasta hacen el sexo contigo casi por obligación. Simulan estar agotados para no tocarte o tener sexo contigo.

No es que las otras tengan algo diferente entre las piernas a lo que tienes tú. Sencillamente, los patanes prefieren practicar lo prohibido, perseguir y buscar nuevas sensaciones en vez de volver a la rutina del sexo contigo. ¡Claro! Estas sensaciones las desconocen porque visualizan el sexo como fuente de placer propio. En su ego enaltecido ven el sexo como un servicio para satisfacerse ellos únicamente. Los patanes no visualizan el sexo como una entrega de lo mejor que poseen para su pareja. Los patanes no pueden trascender a este nivel en el sexo porque no tienen nada que dar, están muertos en su interior.

Nuestro cuerpo es un regalo
muy preciado y sublime.
Entrégale tu cuerpo a aquél que
pueda apreciarlo, cuidarlo y amarlo
con devoción y no a quien lo ve como
un pedazo de carne en el
que puede volcar su lujuria.

Características # 33: ¡Tras que cuernos, palos!

Características # 33: ¡Tras que cuernos, palos!

La vida al lado de un patán es miserable. No basta con que aguantemos ofensas, críticas, comparaciones, excusas, proyecciones e incertidumbres. Tras que soportamos los fantasmas de su pasado, sus retraimientos, la ley de mordaza que nos imponen y el poco placer sexual que nos brindan, ahora también tenemos que aguantarles que nos sean infieles. Peor aún, son infieles y en múltiples ocasiones, no con una, sino con varias personas. Son infieles con personas que conocemos y hasta con las que hemos entablado una amistad o de alguna forma se vinculan con nosotras. ¡No, no, no! ¡Esto es el colmo! Rebasan los límites y acaban con nuestra paciencia.

Los patanes son infieles con premeditación y alevosía; son fríos, maquinadores y muy calculadores. Engañan aún sabiendo las consecuencias de sus actos y reconociendo que lastimarán a muchas personas. Este enredo les crea mayor excitación y placer al momento del sexo. Mientras más complicaciones y mentiras llevan en las costillas, más excitante y placentero es el engaño para ellos.

Cuando descubrí el engaño de mi ex 100% patán, lo primero que noté fue que desde hace varios días su conducta era más distante de lo normal. Estaba todo el tiempo de mal humor y por cualquier detalle se irritaba. Todo le disgustaba y parecía que en ocasiones deseaba que no estuviese allí, a su lado. Incluso un simple comentario le hacía alterarse grandemente. Se retiraba a dormir muy temprano y apagaba el celular, que dejaba muy cerca de su mesa de noche. Esta actitud sospechosa despertó en mí la duda, por lo que esperé a que estuviese bien dormido. Tomé su celular, y las llaves de su auto y salí fuera del apartamento con mucho cuidado para no despertarlo. Me encerré dentro del auto a oscuras y encendí su celular. Averigüé cada una de las llamadas hechas por él y las llamadas recibidas, así como números grabados en el directorio. Me llamó la atención que mi nombre aparecía grabado con todo y apellidos, como si entre nosotros no hubiese una relación de pareja sino de negocios. Por un momento pensé dejar la búsqueda, pero algo en mi interior me indicaba que prosiguiera. Pasé a ver sus mensajes de texto y tenía mensajes de su ex mujer, de su ex novia y de otras chicas. Obviamente ninguno era de "¡Hola!,

¿cómo estás?." Habían además, mensajes enviados por él hacia ellas. Le decía a su ex esposa "te amo." A su ex novia le decía que hubiese deseado haber estado con ella en New York, cuando ese viaje lo habíamos hecho juntos, él y yo, unos días antes. A las otras chicas les cuestionaba su actitud y les decías que las extrañaba o les hacía las mismas promesas que había hecho a mi.

Mientras leía todos esos mensajes, las manos me temblaban. Estaba enfurecida y sentí deseos de subir al cuarto y caerle a golpes en la cama, pero no con mis manos, sino con un bate de pelota y partírselo encima. Tenía la mente nublada y me sentía abrumada, no sabía si llorar, matarlo o huir de allí. Por un momento deseé sacar todas mis cosas y nunca más mediar palabras con él, pero también tenía deseos de venganza.

Ante esta situación de desesperación, quería llorar de rabia, pero de tanto coraje, las lágrimas no me salían. Llamé a una de mis mejores amigas y le conté lo sucedido. Estuve hasta las 3:30 de la madrugada hablando con ella, pero aún cuando nos despedimos, no se me iba el coraje. Me di un baño para tratar de tranquilizarme, pero al entrar al cuarto y verlo durmiendo tan tranquilo me irritaba aún más. Me provocaba mayor coraje saber que me mentía y me engañaba sin sentir ningún remordimiento. Me acerqué a mirarle y confieso que tuve que alejarme porque sentí deseos de matarlo. El acostarme a su lado me provocaba asco y malestar estomacal. Las sábanas, la cama, la habitación y respirar su mismo aire me provocaban unos deseos de vomitar intolerables. Me levanté varias veces, iba a la cocina tomaba agua, iba al baño me bañaba una y otra vez y en esas me dieron casi las 5:30 am. Hasta que el mismo agotamiento mental me venció. En la mañana, él, se mostraba sereno, como si no tuviese nada que lamentar. Mientras lo veía así tan tranquilo, yo no podía disimular la rabia que llevaba dentro. Cuando algo no me gusta o algo no está bien, apenas lo puedo disimular. Lo enfrenté con mis descubrimientos, pero se empeñó en negarlo a toda costa. ¡Como todos los patanes! ¡Hacen las cosas y después no tienen los pantalones para admitirlo!

Al verse atrapado en la evidencia y sin salida, entonces se escudó en mi falta de respeto por tomar su celular sin su consentimiento. Tuvo el descaro de decir que la relación había comenzado para él hace unos pocos días atrás. ¡Wao! ¡Qué patán! ¡En eso botó la bola y partió el bate en veinte pedazos!

Los patanes inventan las excusas más viles, tontas y absurdas, que hasta a ellos mismos les cuesta creérselas. Sus excusas resultan estupidísimas, sin base ni fundamentos; utilizan lo primero que se les ocurre para salir del paso. En sus mentiras se contradicen una y otra vez tratando de justificar sus hechos.

Los patanes inventan las excusas más absurdas con tal de convencerte de que tus dudas son imaginarias y equivocadas. Sin embargo, sus actos no hacen más que darte la razón. Has visto suficientes evidencias, desde mensajes de textos, fotos de otras mujeres, mensajes a sus ex parejas, papelitos con números de teléfono dentro de su cartera, prendas femeninas en su auto y muchas otras cosas, pero aún así lo niegan. Es entonces, cuando comienzan los interrogatorios por parte del patán para descubrir de qué desconfiamos y por qué desconfiamos. Al patán le molesta y le fastidia saber que ya no confías en él como antes pues ahora tiene que tener más cautela.

Los patanes no quieren aceptar cuando se equivocan y han obrado descaradamente mal. Enredan y tratan de tergiversar los hechos, para salir ilesos de eventos comprometedores del cual son causantes. Pero, todo lo que ocurre bajo el cielo se sabe. Los patanes son miserables y no tenemos que aguantarles tras que cuernos, palos. ¡Valemos mucho más que ésto!

La infidelidad es un acto denigrante y sin excusa.
Lacera las vidas de quienes son engañadas,
creando inseguridad y desolación.
La infidelidad, no tiene que ser soportada,
la decisión está en tus manos.

Características # 34: **No hay perdón para nuestro cambio**

Características # 34: **No hay perdón para nuestro cambio**

Como si fuera poco, los patanes son tan inconscientes y desconsiderados que no aceptan nuestro cambio. Luego de esta puñalada certera a nuestro corazón, aún así esperan que le aplaudas sus canalladas y "aquí no ha pasado nada."

Toda mujer que ha pasado por la difícil situación de la infidelidad, sabe que ésta trastoca muchos aspectos de nuestro ser. Se viola nuestra privacidad, intimidad y autoestima. Se derrota nuestra integridad, se asesina nuestra confianza y se ultraja el respeto a nuestra persona. La infidelidad cultiva toda clase de pensamientos vengativos, de odio, traición y repudio a la persona que nos lastimó y a quien se prestó para hacernos daño.

Es típico de los patanes el exigir y querer forzarnos a perdonarlos inmediatamente. Buscan inducirnos y precipitar un cambio en nosotras, como si los sentimientos no hubiesen sido traicionados. No importa el "desliz" que hayan tenido, ni cuantas veces lo hicieron; los patanes creen ser merecedores de nuestro perdón. Aún peor, se creen con autoridad para forzarnos a que borremos los hechos de nuestra memoria y nunca más sean mencionados. Todas sabemos que ya jamás será igual. Aunque el patán haga lo que haga y continúes a su lado o decidas terminar la relación, jamás, jamás será igual.

Aunque asistas a veinte psicólogos y consejeros matrimoniales, no será igual, pues el patán ha violado y traspasado tus sentimientos, tu moral, tu cuerpo, el respeto por ti misma y hasta tu integridad. Con toda honestidad, tu patán tuvo que haber recordado que tú existías antes de cometer la infidelidad. Por lo menos, en algún momento tuvo que haber recordado tu nombre y si aún así traspaso esa línea, deberías preguntarte: ¿Realmente me ama?

La infidelidad tiene muchas facetas, no se trata solo de acostarse con otra. Existen llamadas, juegos sexuales y otras situaciones con las que te falta el respeto como mujer. Comienza con un coqueteo, período de conquista y el intercambio de conversaciones y llamadas. El patán tuvo que haber acordado el lugar, día y hora del encuentro, llegar al lugar, desnudarse y consumar el acto; y esto requiere todo un proceso y muchas mentiras. Si en todas estas etapas el patán no sintió remordimiento por el dolor que te causarían sus actos y no sintió vergüenza, ni temor a ser descubierto, realmente tú le vales madre. Ante esta falta de respeto hacia tu persona el patán no tiene perdón. Peor aún, no tiene perdón que el patán quiera que actúes como si nada estuviese pasando. Eres un ser humano, tienes sentimientos y tienes todo el derecho del mundo a cambiar tu forma de ser, sentir, actuar e incluso negarte a estar con ese patán.

No te recrimines por la infidelidad

ni te culpes por las faltas que tu patán cometió.

No menoscabes tu autoestima

ni te mutiles mental o físicamente.

Tienes que renovarte, asumir una actitud

positiva y de auto sanación.

Busca apoyo, lee y comparte tus experiencias.

De seguro te sentirás mejor.

Características # 35: ¡Cuando lloran como nenas!

Características # 35: **¡Cuando lloran como nenas!**

Resulta interesante que la actitud de dejadez, de egoísmo y aparente auto suficiencia de los patanes se desvanece en un instante cuando te ven empacando tus pertenencias para dejarlos. Recuerdo como si fuese en este mismo instante, cuando el patán de mi ex se me abalanzó encima en llanto. Me abrazaba y me suplicaba que no me fuera. Lloraba como si lo estuviesen matando y en parte hasta me dio ganas de reír por lo ridículo que se veía. Me preguntaba: ¿qué le pasa? ¿No es este el mismo patán que me criticaba y me comparaba constantemente? ¿Dónde está el patán egoísta, mi verdugo, el que me sustituía por sus amigos y su trabajo? ¿No era este el patán que buscaba excusas para dar por terminada la relación y decía necesitar espacio? ¿No era él al que parecía molestarle mi presencia? ¿Acaso no era este patán el que me había sido infiel sin importarle cuánto me lastimaba? ¿Por qué llora ahora? ¿Será sentimiento de culpa? ¿Será que no me quiere perder? O simplemente, ¿teme estar solo? ¿Será que reconoce que por su propia culpa volvió a fracasar? ¿Me estará tomando el pelo otra vez?

Los patanes lloran como nenas cuando ven que se aproxima el fin, por varias razones. Primero; no esperan tu actitud determinada y firme. Están acostumbrados a que aguantes silenciosamente sus humillaciones, mentiras y engaños. Les sorprende que ya no aguantes lo que han venido haciendo a tus espaldas por tanto tiempo. Segundo; les asusta perder algo que creían seguro, sobre todo en el aspecto sexual. Tercero; pero jamás menos importante, temen a la soledad. No tan solo soledad física, sino también soledad emocional y la necesidad de sentirse necesitados por alguien. Los patanes no pueden resistir estar solos. La soledad les hace sentirse inseguros y revela sus mayores temores. Cuarto; temen al fracaso. No porque deseen que todo entre ustedes tenga un final feliz, sino porque otros les verán como perdedores. Temen que otros piensen que no tuvieron la capacidad para mantener una relación duradera y hacer felices a una mujer. Recuerda que los patanes dependen de las apariencias. Quinto; temen a los recuerdos. Aunque lo nieguen, en algún momento, cuando todo se ha acabado, los patanes recuerdan como mutilaron y acabaron con todo lo que les ofreciste sin medida y con tanto amor.

Cuando los patanes lloran como nenas es tiempo de no dar marcha atrás. Ese llanto es una de sus últimas barajas por jugar, justo la que debes obviar. No creas en sus lágrimas de cocodrilo. Sus lágrimas y suplicas no son un acto de perdón y de cambio, sus lágrimas son un acto desesperado por mantener su apariencia ante otros. Las lágrimas que el patán derrama son para apelar a los lindos sentimientos que él sabe que tú tienes y lograr una vez más sus propósitos egocentristas para no sentirse solo y desprotegido. Sus lágrimas revelan el temor de quedar al descubierto y en evidencia por sus engaños.

Las lágrimas de un patán no son suficientes

para reconstruir un corazón destrozado;

para darte paz interior y devolverte

tu autoestima y respeto.

Cuando se ama no se espera llegar

al final para llorar y reconocer los errores.

Características # 36: **¡Siempre prometen cambiar... pero nunca lo hacen!**

Características # 36: ¡Siempre prometen cambiar... pero nunca lo hacen!

Si por casualidad aún no aprendiste la lección y te dejaste convencer por sus lágrimas de cocodrilo, tengo que decirte que su actuación será pasajera. Debo confesarte que también pasé por ésto. Fueron muchas las promesas y nunca vi los cambios. ¡Creo que todas pasamos por ésto en algún momento! No porque seamos tontas como ellos creen, sino porque los amamos y esto es algo que ellos no comprenden. ¡Ni tan siquiera se aman y se respetan ellos mismos, menos van a poder reconocer el verdadero amor! Te suena familiar: "Ahora todo va a cambiar" "De ahora en adelante las cosas serán diferentes." "Ahora me voy a esforzar mucho y todo será distinto." "Perdóname, te prometo que no volverá a suceder", y muchas cosas más. ¿Cierto? Son las mismas promesas que siempre hacen y que nunca cumplen. Lo que ellos llaman darles una segunda oportunidad, para nosotras es la número mil. Han sido ya demasiadas, haz perdido la cuenta de tantas que han sido pero a su conveniencia el patán las olvida. Aún así, ahí estás dando otra vez la milla extra. Aunque esta vez tratas de ser un poco más precavida, en el fondo sabes que estás dándole otra oportunidad que no merece. Dentro de ti aún tienes la esperanza de que todas sus promesas algún día se hagan realidad. A pesar de que ya muchas veces te ha mentido y engañado, aún guardas un granito de esperanza. Con tus alas caídas y lastimadas lo intentas nuevamente. En apariencia el huracán llegó a su fin y llegó la calma, pero esta calma cual ojo de huracán, es una calma aparente.

Las primeras semanas lo ves dispuesto, atento, llega temprano y hasta casi todas las noches tienes un cuatro de julio en tu cama. Detalles que habías dado por muertos en él, vuelven a surgir. Trata de recobrar la confianza que un día le tuviste. Se "esfuerza" porque reviva el amor entusiasta y expresivo que le tenías y que él mismo provocó que se marchitara. Logran acuerdos en puntos de vista en los que antes tenían roces y no lograban congeniar. Aparentemente, ahora sí estan encaminados hacia un mismo propósito. Pero la virazón del huracán se avecina, pues el patán está encubriendo su verdadera naturaleza para retenerte. Verás que al cabo de unas semanas comienza a descarriarse y buscar cual animal salvaje una salida a esa jaula que lo acorrala, o sea, tú. Tan pronto se sienta suficientemente seguro de que ya no lo abandonarás, volverá a sus viejas andadas.

Los patanes son como animales salvajes, no pueden estar atados a una relación, ni a una mujer por maravillosa que sea. Si se atan, vivirán vidas dobles, fingiendo lo que no son hasta que los descubras. Tarde o temprano rompen su jaula. La vida al lado de un patán se constituye de un cúmulo de promesas rotas, promesas cumplidas a medias, mentiras encubiertas y desplantes. Los patanes no tienen palabra, no son hombres y por lo tanto no pueden cumplir lo que prometen.

Los patanes no se reivindican.

Están encaminados a hundirse cada día más

en sus malos procederes.

Pero no tienes que ir al precipicio con él,

siempre hay oportunidad para salir a flote.

Características # 37: **Cuando todo se acaba... ¡tú tuviste la culpa!**

Características # 37: **Cuando todo se acaba... ¡tú tuviste la culpa!**

Te hirió de nuevo, faltó a sus promesas y ahora te sientes traicionada una vez más. Pero ahora sí decides terminar con el patán de tu vida. Has decidido que ha llegado el final; te sientes firme y convencida. Si se te ha caído la venda de los ojos, ¡felicidades! Quiero decirte que has tomado la mejor decisión de tu vida. Ahora que has terminado esta relación enfermiza y agotadora notarás que tu vida sale del estancamiento y del letargo al que estabas sometida sin darte cuenta. Es ahora cuando te sientes liberada del afán y de la carrera a la que tú misma te sometías por complacer al patán en todo. Te liberas de sentimientos de culpa e ineficiencia por no satisfacer sus expectativas irreales. Aunque a veces tendrás momentos de debilidad, lo importante será que te mantengas firme.

De ahora en adelante tendrás que ser más fuerte, pues aún tu batalla no ha terminado. Tu patán no se quedará cruzado de brazos. Tendrás que combatir la depresión, tus sentimientos de amor, odio, coraje y deseos de venganza. Como si fuera poco, tendrás que combatir contra los que te señalan como la culpable, pero no es imposible. Al principio te confundirá un poco el encontrarte con tiempo libre para dedicarlo a ti misma. Te sorprenderá que tus amigos te encuentren diferente, alegre, atractiva e interesante. Descubrirás que quien estaba realmente en una jaula eras tú y no tu patán y que estabas desperdiciando tu vida al lado de aquel inútil.

No has salido bien de la relación, cuando ya tu patán ha comenzado a levantar rumores. No importa lo que haya sucedido en tu relación con el patán, no importa cuánto hayas dado para hacer que la relación funcionara, tú siempre serás la culpable. Escucharás a muchos comunicándote sus rumores y cómo te hace responsable a ti de todo lo que pasó. Recuerda; como ya te había dicho antes, los patanes se proyectan y no reconocen sus errores. Ahora eres parte de su círculo vicioso. ¿Recuerdas cuando te hablaba mal de sus ex parejas? Ahora lo está haciendo contigo.

¿Por qué los patanes nos desprestigian? Como su plan de conquista y de sufrido no les funcionó, su coraje y verdaderos sentimientos salen a relucir para lastimarte, herirte y hacerte lucir mal frente

225

a otros. Comentan y hablan lo que no es para aniquilar la autoestima que te queda. Es típico de los patanes que cada vez que culminan una relación señalen a sus ex parejas como las culpables. Como ya conoces a los patanes, ésto debe prepararte y hacerte más fuerte, no destruirte.

Házte de oídos sordos a todo lo que él comente. En tu interior, tú sabes todo lo que diste y sacrificaste, no tienes que probárselo a nadie. Debes estar tranquila, pues sabes que diste lo mejor de ti. No importa lo que ese patán esté hablando allá fuera y con quién lo esté hablando puedes tener tu frente en alto porque aunque ahora no lo veas y aún no lo creas, saliste victoriosa. Tienes muchas cosas que él no tiene. Tienes la capacidad de amar increíblemente, lo cual significa que puedes restaurarte de una manera aún más asombrosa. Tienes el coraje para salir de este círculo vicioso, lo cual es una determinación asombrosa y admirable. Aprendiste de esta experiencia y ahora eres más fuerte, madura e invencible. Por cierto, a la larga verás como el muy patán terminará contradiciéndose y descubriéndose él solito sin que tengas que hacer nada para probar tu inocencia.

Cuando alguien te culpa por sus actos
queda evidenciada su debilidad,
su falta de madurez y su pobre facultad
para aprender de los errores.
No caigas ante sus comentarios negativos,
demuestra madurez, seguridad, valor y
autoestima. ¡Supérate!

Características # 38: ¡Sus mejores aliados!

Características # 38: ¡Sus mejores aliados!

No importa lo mucho que le agrades a su familia y amigos a la hora de la verdad, pasarás a último plano. El patán de tu vida saldrá airoso mientras es defendido por todos sus secuaces. Sus familiares y amigos olvidan todas las veces que fuimos víctimas de sus atropellos, insultos, canalladas e infidelidades. Tal parece que sufrieron una amnesia repentina y olvidaron lo mucho que diste y sacrificaste a cambio de nada. Sus familiares y amigos se desligan del sentimiento que dijeron sentir por ti y de repente barren el piso contigo. Para ellos tú eres la mala y su "hijito", su amigo, su sobrino o lo que sea, el más santo.

Al principio, sus familiares te darán el pésame: "ay, bendito" para tratar de tranquilizarte y hacerte entender que el pobre "ha pasado por situaciones bien difíciles." Tratarán de persuadirte para que pienses, que el pobre necesita de alguien con mucha paciencia y tolerancia para ayudarle a aliviar todo ese dolor y traumas que lleva dentro, pues "ha pasado por tantas cosas difíciles." Sin embargo, tan pronto notan que estás firme en tu decisión y decides que no le aguantarás ni una más a tu patán; prepárate, van a barrer el piso contigo. Dice el refrán: "De tal palo, tal astilla."

Sus mejores aliados, sus madres son extremadamente ciegas, tanto, que no pueden aceptar la realidad de que sus hijos no son lo que aparentan. Lamentablemente, detrás de un gran patán, hay una madre alcahueta. ¿Y nosotras qué? Olvidan tus propios problemas y situaciones. A conveniencia olvidan que a pesar de tu dolor y tus experiencias pasadas difíciles, le ofreciste a su hijo amor de calidad. Le simplificaste la vida, lo trataste con ternura y a cambio solo recibías las migajas de él. Las madres de los patanes no tienen el coraje para aceptar que su hijo es un patán de grandes ligas.

No podemos olvidar que nadie se libra de situaciones de dificultad. Todos pasamos por momentos y experiencias realmente dolorosas alguna vez en la vida, pero esto no nos da ningún derecho de lastimar a otros. Los patanes no tienen derecho de escudarse bajo el "ay, bendito", que tanto les encanta pronunciar a sus madres. Sus familiares y amigos no quieren reconocer que él puede salir de esta condición. Prefieren que el patán se recupere a costillas de nuestra salud emocional y estabilidad. Tú sabes, ¡es más cómodo! Si se lo propusiera, el patán podría buscar tratamiento con profesionales especializados, en vez de andar mutilándonos.

En vez de lastimarte y utilizarte debería buscar ayuda profesional. Sin embargo, para los patanes es mucho más cómodo andar con pañitos tibios haciéndose las víctimas y echando sobre ti sus culpas. Todos hemos sufrido, pero no significa que tenemos "licencia" para andar lastimando vidas, por lo que los patanes no tienen excusa. Sus familiares y amigos no quieren ver ni entender esta realidad. Pasarán años y seguirán defendiendo a este patán, el más grande de la historia de tu vida. Tú seguirás siendo para ellos la más "insensible", la que "lo quería controlar", la que "nunca entendió su sufrimiento" y la que "llegó a su vida en el momento menos indicado." "Es que ella se metió en una relación demasiado rápido con él y todo fue muy apresurado." "Él necesitaba más libertad y ella no se la daba." "Él necesitaba tiempo y ella lo apresuraba." "Es que ella tenía que entenderlo más." "Es que ella lo fustigaba." "Ella fue la culpable." "Ella era muy fuerte de carácter." "Ella no entendía que todos los machos tienen sus deslices." "Es que ella no comprendía que en una relación una tiene que soportar muchas cosas, hasta infidelidades." "Ella no entendía que él necesitaba ayuda." "Ella no tuvo los detalles para ablandar su corazón." "Ella..." "Ella..." "Ella..."

Bueno, vamos a cambiar la historia. Imaginemos a su madre en una relación en donde su pareja cambia rápidamente de parecer, le critica constantemente y por todo le encuentra faltas. Imaginemos que no la incluye en sus decisiones y actividades y ella es el último asunto pendiente en su cargada agenda. En adición, imaginemos que su pareja le da muchísima importancia a lo que sus amigos dicen. Encima de esto, tiene que aguantar infidelidades constantemente. ¿Soportará ella todo ésto? ¿Soportará que los amigos de su pareja tengan que preguntar quién es ella cada vez que la ven, pues tiene tantas a la vez que apenas pueden distinguirla o reconocerla? Estoy más que segura que antes de llegar a la mitad de esta lista de situaciones que ya viviste con el patán de su hijo tu ex suegra hubiese mandado a volar a su patán. Entonces, ¿por qué tiene que ser diferente la situación cuando se trata del patán de su hijo?

Nadie sabe lo que hay en la olla, sólo quien la está meneando. Sus familiares tienen una venda en los ojos y son los principales responsables del monstruo que tienen por hijo. Nunca responsabilizarán a su hijo por sus actos. Ni sus amigos le llevarán la contraria, pues ellos consideran a tu patán, su ídolo. A tus espaldas te critican y cuando él tenga una nueva pareja, te sacarán el pellejo. Ante toda esta situación te recomiendo que te quedes tranquila, pues en su momento Dios traerá todo a la luz. Lo que tanto hablan de ti, se tornará en contra de ellos.

La familia de tu pareja se supone que sea como una segunda familia para ti, no los verdugos que te hostiguen para tapar las faltas de su hijo. Reforzados por ellos, el patán de su hijo seguirá dando bandazos. Serán muchas las yernas que tendrá y solo será "perfecta" aquélla que aguante todas las canalladas de su hijo. Tú vales más que ésto y mereces mucho más que estas migajas. Mereces tener una segunda familia que te valore, te respete y además, sea imparcial y justa contigo.

Piensa en esto detenidamente: mientras tenga
familiares y amigos que le apoyen
en su conducta destructiva,
seguirá siendo un patán que no siente
el más mínimo remordimiento.

Características # 39: **¿Te busca porque se siente solo?... ¡Ja!**

Características # 39: ¿Te busca porque se siente solo?... ¡Ja!

Los patanes luego de que la relación se ha esfumado, se enfrentan a la soledad y los recuerdos de lo que tenían y echaron a perder. Su soledad, igual que todas sus lágrimas de cocodrilo y su arrepentimiento, son superficiales, vanas y puro chantaje. De pronto, recibirás llamadas del patán para explicarte cuánto te extraña. Llamará para decirte lo triste que se siente, cómo no te olvida, cuántos deseos tiene de volver a verte y de estar a tu lado y muchas otras estupideces y mentiras. Recibirás inesperadas visitas del patán e intentará capturar tu atención nuevamente. Luego de todo lo que te hizo, lo mal que te trató y de lo que ha hablado de ti, ¿cómo piensa que puedes creer en sus patrañas?

Se esforzará por hacerte creer que realmente te necesita. Comenzará el juego de cacería otra vez. Las llamadas con voz dulce, los mensajes de texto o emails halagadores, no pararán. Los detalles de los ramos de flores con tarjetitas y hasta de vez en cuando alguna invitación para salir a cenar o pasear como antes, no faltarán. Pretenderá ante tus ojos y los de los que te conocen, un arrepentimiento genuino y mostrará "sinceros" deseos de estar a tu lado o por lo menos quedar como amigos. Pero, ¿qué hay realmente detrás de todo este drama? ¿Cuáles son las verdaderas intenciones del patán? ¿Regresará porque te extraña, porque le hace falta tener sexo contigo? Puedo prevenirte y debo decirte algo de lo que estoy totalmente segura: el patán no está regresando por amor. Si el patán te hubiese amado realmente te lo habría demostrado desde que estabas a su lado, no tenía que esperar a tu partida para tratar de enmendar la situación.

La razón principal para su regreso es porque en su interior y lejos de las malas influencias de sus amigos, reconoce que a tu lado tuvo más de lo que nadie le había dado. Reconoce (para su propio mal) no haber valorado las buenas experiencias que vivió a tu lado. Es por esta razón, que al mirarte nuevamente se entristecen sus ojos y tal vez muerde o frunce sus labios con gesto de pena, fingido, tal vez.

No caigas en la trampa, no es lástima lo que tú necesitas. De igual forma, la fuerza de la costumbre no es amor. Él solo puede ofrecerte sexo, el mismo sexo egocentrista que ofrece a todas. El placer sexual que te pueda dar no es lo que sanará tus heridas. El amor que tú necesitas él no puede dártelo porque no lo tiene. No te dejes engañar por las migajas que los patanes te quieren dar. El patán regresa a buscarte porque la soledad lo enfrenta a su vacío existencial. No es suficiente lo que él te ofrece. No fue suficientemente bueno antes y no lo será ahora.

La fuerza de la costumbre no es amor,
ni garantiza el respeto.
La costumbre es la cobardía de
no poder enfrentar el mundo solos,
es la codependencia de
la aparente estabilidad y
el miedo a lo desconocido.

Características # 40: **EL BONO: ¡Te deja desecha y él vive como si nada!**

Características # 40: **EL BONO: ¡Te deja desecha y él vive como si nada!**

Un hecho asombroso es la forma impávida e ilesa de la que los patanes salen de tu vida. Más asombroso es aún la habilidad que tienen los patanes para "rehacer" sus vidas y sustituirte. Mientras tú quedas maltrecha, en un completo vacío, sintiéndote impotente y miserable, el patán parece continuar con su vida como si nada. Quedas sumergida en una depresión perjudicial de la cual crees que no te podrás levantar jamás. Lloras hasta tener los ojos hinchados como sapo, la garganta reseca y la nariz que parece como si hubieses salido de un proceso quirúrgico "mal práctico." ¿Y para qué? ¿A cambio de qué?

Al salir de la relación enfermiza con un patán quedas con el mal sabor de la desilusión. Llevas a cuestas la frustración de haber entregado todas tus fuerzas, ilusiones y esperanzas. Te atormenta la impotencia de ver cómo todo se desvaneció y cómo para ese patán fue cosa de nada. Experimentas una mezcla de coraje, por lo que diste, creíste y no recibiste. Sientes pánico de tu futuro incierto, sientes un vacío que no encuentras cómo llenar. Los innumerables por qué de tu mente te abruman constantemente. Te desconciertan los recuerdos y tus días se sienten incompletos y sin sentido. Estás tan enfocada en el dolor que no vislumbras una mejoría. Pierdes frecuentemente la noción del tiempo. Si estás haciendo tus quehaceres o cumpliendo con tu trabajo no te concentras y al conducir tu vehículo pierdes la orientación. Transitas desorientada tomando el curso más largo, las rutas que están más aglomeradas y no las rutas cortas o los atajos que solías transitar de prisa cuando te sacrificabas e intentabas ser "la mujer maravilla" para tu patán.

Dejarlo te ha trastocado toda la vida. Te sucedió porque hiciste de tu patán el centro de tu Universo. Mientras, tu patán ni se inmuta ni se preocupa. El patán se repuso muy rápido de su aparente soledad y ya está fresco y listo para una nueva conquista. Se levanta todos los días sintiéndose el gran macho. El saber que tú sufres por él, le alimenta su hombría y le da aún más ganas de conquistar nuevas víctimas. Se mira al espejo y no importa lo horrible que sea, se elogia con los mejores piropos, se admira y se maravilla de ser como es. Se baña en perfume (el más caro y el último en la moda), se arregla su cabello y se viste para su nueva conquista y ni por un momento piensa en ti. Piensa en todas las nuevas aventuras que va a encontrar y se ríe burlonamente de todas las que quedaron en su pasado (incluyéndote a ti). Sabe que sus ex parejas aún están adheridas emocionalmente a él y se siente victorioso. Su objetivo más perverso será ganar corazones a su antojo y alardear luego con sus amigotes. Todas las mañanas se prepara mental, emocional y físicamente para aniquilar algún nuevo corazón. Mientras nosotras, tontamente, todas las mañanas nos miramos al espejo, nos criticamos el pelo, la cara, las libras de más y cómo nos queda la ropa. Ya no encontramos que más faltas buscarnos. Somos nuestras propias enemigas. Cada mañana nos preparamos para ser más miserables y que nos pisoteen más. Nosotras con nuestra actitud derrotista hacemos a los patanes, vencedores.

Estás tirada en la cama y se te pasan las horas del día sin ánimo ni fuerzas para continuar la vida, sin embargo, tu patán se levanta puntual como un resorte. A duras penas puedes darte un baño y arreglarte un poco, en cambio, tu patán se da un refrescante baño y se arregla con sumo cuidado y estilo. Escoges el primer trapo que encuentras en tu cajón para tratar de estar lo más cómoda posible, (aunque te veas diez kilos más gorda), mientras tu patán se vestirá con su mejor ropa para lucir más elegante y atractivo que nunca. Te aplicas un montón de ungüentos para aliviarte todos los síntomas que tienes, tomas pastillas para tus fuertes dolores de cabeza y tienes olor sólo a fármacos; pero tu patán se perfuma con su mejor colonia. Estás todo el día mirando el teléfono para ver si has perdido alguna llamada de tu patán, mientras tu patán estará recibiendo llamadas de sus otras chicas y de sus amigotes y planificando nuevas y divertidas salidas. Mientras tú comes toda la chatarra que encuentras para combatir la ansiedad de saber por qué tú patán no te ha llamado, él cenará en un lujoso restaurante con su próxima víctima.

¡No seas tonta! No desperdicies tus días, tus virtudes, tu talento y tu vida detrás de ese patán que se acaba de perder la mujer más maravillosa del mundo; tú. Levántate, dúchate y arréglate mejor que nunca, que ahora tienes la cita más importante de tu vida, contigo misma. Enamórate de tus virtudes, talentos y fortalezas sin necesidad de que nadie tenga que mencionártelo. Ahora es cuando más debes mimarte y consentirte. Una vez alguien me dijo: "cuanto peor te sientas, más te debes arreglar." Esto es sumamente cierto, ¿le vas a dar el gusto a ese patán de verte destruida? ¡Jamás! Ya bastante daño te causó. Sal, diviértete, mantén tu mente ocupada, visita las amistades que habías descuidado por atender al patán de tu vida. Sal a ver una película al cine sola, a disfrutar de la oportunidad de saborear un buen plato o tu postre favorito. ¡Sí, sola es riquísimo!

Al principio, te sentirás extraña, pero luego descubrirás que es la cita más importante que has tenido. ¡Nada de no comprar palomitas de maíz porque estás sola! Complácete, date un gustito. Un gustito no te va a hacer daño. Pero eso sí, no te excedas, no querrás perder la figura. Empieza a enamorarte de ti misma otra vez y aprende a no depender de la compañía de alguien para sentir que disfrutas. Cómprate ropa moderna, atrévete a usar algo diferente. Busca ropa interior sexy y póntelas sólo para ti. Lúcelas y baila con ellas puestas frente al espejo. No estás loca, sólo empezarás a sentirte una mujer nueva. Te sorprenderás de los resultados asombrosos que tendrán estos cambios sobre tu autoestima.

Nunca des a alguien más de lo que
te darías a ti misma.
Nunca te des a ti las sobras
que no darías a otros.

Características # 41: **EL SUPER BONO: ¡En menos de un mes tiene otra!**

Características # 41: **EL SUPER BONO: ¡En menos de un mes tiene otra!**

Para los patanes nunca es suficiente lo que te han humillado y lastimado. Su naturaleza egoísta y maliciosa siempre busca darte el golpe final. Sólo por herirte se lanzan apresuradamente a buscar otra aventura. ¡No te sorprendas que en menos de un mes ya tenga otra! Es más, un mes es mucho tiempo. Todas sabemos que en menos de una semana ya lo han visto bien acompañado.

Y, ¿sexo? ¡Por favor! Sexo ha tenido con otras desde mucho antes de que salieras de su vida. Es más, tal vez al mes te suceda lo que me sucedió a mí con el ciento por ciento patán de mi ex. Al mes de haber terminado con él me invitó a desayunar para confesarme que se había convertido en donante de semen por cuarta vez. Incluso no podía decirme quien era la otra porque yo la conocía. Al sacar el cálculo del tiempo de embarazo, era obvio que me había sido infiel y que mis sospechas pasadas eran ciertas y él había quedado en evidencia.

¡Claro! Luego de varios meses alegaba que su cuarta hija había sido prematura, para encubrir su infidelidad. ¡A otra con ese cuento! Esto no te debe tomar por sorpresa con los patanes. Tienes que estar preparada para recibir de los patanes noticias aún peores.

¡Qué noticias como ésta no alteren tu sistema, al contrario, que te sirvan para darte muchas fuerzas y deseos de superación! Ese patán no sabe lo que es amar y su vida rueda una y otra vez sin rumbo. Su nueva conquista tal vez piensa que ha ganado y se siente privilegiada, pero en cuestión de semanas será "agua pasada", la tarjeta de presentación que volteará para escribir el nuevo número de su próxima víctima. ¡No te desconciertes! ¡Que nada de lo que ese patán haga te robe tu paz! Permite que tu ex patán y ella celebren ahora, que más adelante los verás caer. Recuerda, el que ríe último, ríe mejor.

Tal vez, al principio no estés muy segura de ésto, pero pronto lo verás. Posiblemente tu patán y sus secuaces aparentan que todo está marchando muy bien, pero algún día, cuando menos lo esperes, sabrás como la vida se ha encargado del mal que te hizo sufrir.

En ocasiones, pasan meses o hasta años antes de que veas a tu ex-patán caer y pagar por lo que te ha hecho sufrir. Justo antes de que terminara este libro, conocí casualmente a una joven que conocía al ciento por ciento patán de mi ex. Por medio de ella supe que el patán de mi ex había comenzado a pagar por sus fechorías. Según ella me contó, mi ex patán conoció a una joven con más "calle" que él. En su afán por conquistarla trató de sorprenderla con todo lo que pudo, un anillo caro y aunque no lo creas, hasta una boda. ¡Increíblemente el patán habló de matrimonio! Sí, porque ella era difícil de convencer o mejor dicho, ¡muy astuta! Resulta que en su intento el patán planificó boda por todo lo alto, incluso con artistas locales. Faltando semanas para la boda ella le confesó que no podía seguir a su lado porque él no era suficientemente bueno para ella. Desde ese día el patán andaba con su orgullo herido y cargando su vergüenza en público. Por primera vez, el patán estaba recibiendo de su propia medicina. Este patán terminó convertido en el hazme reír de todos y muchos de los que lo conocían se alegraron de su vergüenza. Aún más, según ella le estaban sucediendo más cosas, pero aún no tenía todos los detalles.

Es muy cierto lo que dicen: "lo que aquí se hace, aquí se paga". Tal vez tengas que esperar varios meses o años, tal vez nunca te enteres, pero el destino se encargará de que tu patán pague por cada una de las heridas que te hizo. Como dice el Señor en la Biblia: "Mía es la venganza, yo pagaré." Así que, quédate tranquila, a tu patán le llegará su momento sin tu levantar ni un solo dedo.

El patán tendrá una y otra por doquier,

pero dondequiera que vaya

tendrá soledad y vacío.

Su felicidad es sólo apariencia.

Prepárate y sé fuerte.

Pronto verás su muralla derrumbada.

Capítulo 3: ¿Por qué los patanes nos lastiman?

Muchas veces me pregunté, ¿por qué los patanes de mis ex parejas me habían lastimado tanto, si los había amado con todo mi corazón y con todas mis fuerzas? ¿Por qué si había colocado todo mi empeño, había recibido tanta indiferencia? ¿Por qué si había entregado lo mejor de mí sin reservas me habían dado solo migajas? ¿Por qué los patanes habían buscado la oportunidad idónea para dañarme? ¿Qué hacía que los patanes no estuvieran conformes con lo que les daba? ¿Por qué los patanes me habían mostrado lo que no eran? ¿Por qué no había visto las señales que indicaban que no era la persona adecuada? ¿Qué había de malo en mí? ¿Por qué a mí? ¿Cómo otras mujeres que tenían menos belleza, talento, amor para dar, tacto, sensibilidad, inteligencia y aptitudes podían perdurar en sus relaciones de parejas? ¿Por qué si tengo cualidades positivas me criticaban tanto? ¿Por qué si tengo todo lo que un hombre puede desear, era víctima de la infidelidad?

Las preguntas no tenían final y casi ninguna tenía una respuesta lógica. Al principio, no hacía

255

nada más que culparme y auto recriminarme una y otra vez. Con cada pregunta revivía el pasado y me enterraba poco a poco, más profundo, los puñales que los patanes habían clavado en mi corazón. Me estaba sumergiendo en una depresión profunda. Me lastimaba cada día más tratando de encontrar una explicación lógica a algo que no tenía sentido. Deseaba tomar el pasado en mis manos, controlarlo y cambiarlo. Anhelaba encontrar algo para enmendar el pasado. Me culpaba por los fracasos, como si yo hubiese sido la única protagonista de la historia. Había olvidado que en una relación de pareja ambos aportan. La culpa no era toda mía, pero aún mi pregunta quedaba sin respuesta. ¿Por qué los patanes nos lastiman? Luego de tanto chocar con la misma piedra, sin encontrar una respuesta satisfactoria me dediqué a estudiar minuciosamente el asunto. Tras haber perdido innumerables noches analizando cada detalle, al fin obtuve la respuesta.

La respuesta a esta interrogante es compleja y abarca diferentes aspectos, pero es clara, aunque difícil de aceptar, en ocasiones. La respuesta es que los patanes nos lastiman porque nosotras lo permitimos. Con nuestras actitudes proveemos el terreno perfecto para que ellos nos usen y nos abusen a su antojo. Voy a mostrarte cuales son algunas de las actitudes que dejamos ver de nosotras mismas y que el patán aprovecha para lastimarnos.

❖ **Tenemos baja autoestima**
La autoestima es una línea delicada entre amarnos y sentirnos importantes. Es la visión justa y constructiva de evaluarnos. La autoestima es el amor que nos brindamos y el valor que nos damos a nosotras mismas. La autoestima es querernos y aceptarnos como somos. Sentirnos con derecho de vivir en un ambiente sano, agradable y positivo. Darnos el derecho y la libertad de que nos amen, valoren y respeten sin hacer ningún sacrificio para merecerlo. La autoestima no es cambiarnos y sentir que tenemos que hacer algo grande y magnífico para merecer que nos amen.

Tener una relación con un patán trastoca profundamente la percepción positiva que tenemos de nosotras mismas. Es espeluznante ver cuán poderosas llegan a ser las palabras destructivas de los patanes cuando una se las cree.

Hay personas que desde su niñez tienen tendencias a padecer de baja autoestima. Si estos síntomas no son tratados a tiempo pueden empeorar en la adolescencia o adultez a medida que la persona se enfrenta a diversas vivencias en su vida. La baja autoestima es la causante principal de las malas decisiones y de decisiones apresuradas. La baja autoestima conduce a la impotencia de la solución adecuada de los problemas y nos induce a actuar en contra de nuestros ideales, sueños y anhelos. La baja autoestima deteriora nuestra salud emocional, mental y física de forma devastadora. La autoestima baja es una de las características que los patanes toman en cuenta al seleccionar a sus víctimas.

Al tener una pobre estima de ti misma, el patán puede manipularte a su antojo, como a una muñeca. Serás como hoja seca que mueve el viento. Te levantará y te dejará caer a su conveniencia, pasando sobre ti una y otra vez. Los patanes perciben fácilmente a las mujeres con baja autoestima. Tu vulnerabilidad y fragilidad le da al patán las armas perfectas para hacerte sentir que sin él no eres nada y que no podrás funcionar sin él. Con pobre estima hacia tu persona, todo lo que el patán te diga lo creerás. Lo que desee cambiar en ti, el patán lo logrará. Lo aceptarás y darás por correcta la forma desagradable en la que te trata. Debido a tu baja autoestima no te sentirás con derecho para exigir un mejor trato ni una mejor vida.

La baja autoestima te hace caer en la depresión de desear un mejor estilo de vida, pero sin el valor para luchar y reclamar lo que deseas. Tu baja autoestima, es el punto de partida a través del cual el patán comienza su jugada. Este es el móvil perfecto para hacer sus fechorías, utilizarte y abandonarte. Es la limitación mental que tanto desea el patán que tengas de ti misma. Limitación mental que nosotras mismas nos hemos imputado frente a él y que empeorará conforme pases más tiempo al lado de los patanes. Es una carga pesada que no es nuestra y alguien nos hizo creer que nos pertenecía.

¿Quieres que otros te valoren? ¿Estás cansada de que te usen a su antojo como si fueras el juguete del momento? ¿Deseas no ser utilizada y que luego te tiren herida en el cajón de los juguetes viejos? Querida amiga, entonces tienes que comenzar a amarte, mimarte y encontrarte a ti misma. Tienes que empezar a reconstruir todo tu ser.

Fortalece tu autoestima de adentro hacia afuera. Muchas mujeres tras una ruptura, se cambian el color del pelo o el estilo de ropa que usan, pero esto no cambia lo que hay dentro de ellas. Puedes cambiar tu imagen o lo que te pones, pero si no cambias lo que llevas dentro de tu cabeza, caerás en lo mismo una y otra vez. Necesitas acariciarte y ser amable contigo misma. Necesitas escuchar tu voz interior. Necesitas además, mucha oración.

Dios no hizo de ti cualquier cosa, te hizo a su imagen y semejanza, por esto pudiste pasar el proceso de la infancia que es tan delicado. Dios te hizo para que vivas, ames y te desarrolles libremente. Te dio el libre albedrío, pues sabe que tienes la capacidad para mantener una autoestima fuerte y llevar el control de tu vida. Sin embargo, al pasar las pruebas duras la vida, nos concentramos sólo en los estragos que ésta nos causó. No nos percatamos de lo que vencimos, logramos y aprendimos.

Cada suceso es un peldaño para fortalecer nuestro carácter y autoestima, por difícil que sea. Sin embargo, siempre es visto por nosotras como algo negativo, como un castigo de Dios o como una piedra de tropiezo. Olvidamos cómo vencimos obstáculos anteriores y nos estancamos al pensar únicamente en lo que pudimos haber hecho mejor.

La autoestima baja es una limitación que albergamos en nuestro interior por alguna mala experiencia y los patanes la pueden percibir y la utilizan para su provecho. Es algo de lo que tienes que desprenderte si deseas que te valoren y así alcanzar la felicidad. La autoestima no es algo que se recupera de un día para otro, hay que trabajar todos los días, cada minuto, cada segundo para construirla, restaurarla y mantenerla.

Necesitas una autoestima fuerte, segura y decidida para emprender tu camino a la felicidad. Para que puedas disfrutar de la vida y saborear cada instante necesitas amarte y valorarte. Necesitas tener control de ti, de tus actos y de tus sentimientos. No podrás llevar el control de tu vida si un leve viento lo conviertes en tormenta y terminas desecha. Debes estar preparada para recibir el golpe, reponerte y levantarte con mayor fuerza. Al vencer la tormenta, mirarás hacia atrás sólo para darte cuenta de todo lo que creciste y maduraste, no para reprocharte o criticarte por lo que no hiciste. Alégrate porque esa tormenta no te venció.

Una autoestima sólida te hace ver las malas experiencias como oportunidades. Una autoestima fuerte y saludable te ayuda a alejarte de los patanes. Te da la agilidad mental para poder identificarlos y no permitir que se te acerquen para lastimarte. Una autoestima estable te permite liberarte de las cargas que te han dejado los patanes y te deja superar las heridas que el patán te creó.

❖ Nos conformamos

Como consecuencia de una autoestima baja nos hemos sometido a la errónea creencia de que no somos suficientemente buenas, hermosas, agradables o sensuales para el patán. Pensamos, que no es importante lo que somos sino lo que otros piensan que somos. Puede ser que una pareja de tu pasado, tal vez un amigo o amiga o quizás un familiar te haya marcado. Tal vez, no te diste cuenta de que esas personas reflejaron en ti sus frustraciones, lo cual te hace caer ahora fácilmente ante los patanes. Lo más probable, estas personas nunca lograron sus metas y te infunden sus miedos, para que tú tampoco logres las tuyas. Estas personas son víctimas de una baja autoestima y la proyectan en ti. Es por ésto, que te hacen creer que eres tú la débil. Desean que te sientas y te veas a ti misma como poca cosa. De esta forma, quedas atrapada en el conformismo, otra característica clave para que un patán te lastime. Cuando digo que te conformas, me refiero a nivel sentimental, principalmente. Puedes ser una profesional exitosa, una empresaria decidida y una mujer muy luchadora, pero a nivel emocional te has quedado estancada y sometida.

Estás tan dolida que cuando se te aparece el primer patán, (alias "idiota"), al frente y le rindes pleitesía como si hubieses encontrado el premio mayor. Tienes, necesitas y deseas tanto amor, que a la primera palabra bonita que te dicen te ilusionas y derramas todas tus virtudes cayendo luego hasta el piso por no ser valorada como esperabas. Tienes en tu interior tanta urgencia de que alguien te valore y te ame que te apresuras y te equivocas vez tras vez. Quieres sentirte viva y sepultar tus pasadas experiencias con una nueva, pero solo consigues volverte a equivocar.

La necesidad de sentirte mujer es muy natural, pero la prisa para probarlo, es la que te lleva a elegir a otro patán. No te conformes con lo primero que se te aparece al frente. Deja de creer que no encontrarás a alguien mejor; eso no es cierto. Este pensamiento negativo es producto de tu baja autoestima, no de tu verdadero yo. Eso es justo lo que tu patán quiere que creas. Cuando te encuentras con un hombre, (repito hombre, no patán) te limitas. No te das la oportunidad de conocer a alguien mejor y si lo haces, te sientes temerosa e insegura de estar a su lado porque crees no merecerlo. Te disminuyes y prefieres conformarte con el patán más grande de la historia.

Necesitas aprender a valorarte, ver lo importante que eres y lo mucho que tienes para dar. Sólo de esta forma estarás preparada para rechazar las migajas que te ofrecen los patanes y recibir de la abundancia de un hombre genuino. No relaciones abundancia sólo con el dinero. Cuando hablo de abundancia me refiero a todos los aspectos: amor, respeto, dignidad, detalles, caricias, comprensión, ayuda, aportación económica, compañía, sensibilidad y muchos otros detalles. En el fondo, tú mejor que nadie sabes lo que necesitas, pero tienes que escuchar tu voz interior.

No te conformes con el primer patán que te haga cuentos, te diga palabras dulces o te invite a cenar. Piensa en todas las virtudes y cualidades que tienes como para desperdiciarlas con alguien que no te merece. Piensa en lo mucho que te dolió en el pasado que un patán te usara y te despojara de lo mejor de ti para obtener ventajas sobre tu persona y luego partir sin inmutarse. Piensa en lo mucho que te dolió cuando no te diste tiempo para analizar y conocer quién era ese que se te acercaba. Ya derramaste muchas lágrimas. ¡Basta de sufrir por alguien que no lo merece! Piensa en esto cada vez que vayas a lanzarte apresuradamente. ¡No querrás pasar por una situación similar! Este es el momento de cambiar tu vida. Es tiempo de no tropezar con la misma piedra. Este es el momento de reivindicar tus errores y no ser presa de patanes inescrupulosos y darte la oportunidad de un cambio de actitud.

Piensa en todas las oportunidades que has dejado pasar; conviértelas en un estímulo para no caer en el mismo círculo vicioso. La imagen que tienes de ti misma hará que otros te vean como piensas. Cuanto más elevado mires dentro de tus anhelos, más conseguirás. No es tiempo de estancarte y limitarte, es tiempo de ser libre y gozar de todas las cosas que están aguardando por ti.

❖ Queremos sanar las heridas de otros

Los patanes se aprovechan de nuestro genuino interés por ayudarles. Desde niñas ya nos regalaban ollas, escobas, muñecas y biberones. Se nos educó para servir y sacrificarnos en complacer a otros. Distorsionamos la idea del servicio, con la idea de posponer nuestras necesidades, para llenar las necesidades y deseos de otros. Aprendimos desde muy temprano a sacrificar nuestra felicidad, así como nuestra salud física y emocional para sanar el dolor y los traumas de los demás. Esta distorsionada idea fue tan bien sembrada en nuestro ser, que al crecer sigue siendo éste nuestro único objetivo. Llegamos a creer que para lo único que servimos es para sanar las heridas de otros.

Esta es otra cualidad que atrae como un imán a los patanes. Nuestra necesidad de andar arreglando los corazones de otros antes de arreglar los nuestros, provoca que nos usen una y otra vez. Los patanes aparentan estar heridos para captar nuestra atención y conseguir que les sintamos pena. Nos convertimos en el recogedor; recogemos la basura que otras han desechado. "Es que está pasando por un proceso difícil por qué la esposa lo dejó." Bueno, hay que analizar muy de cerca porque lo dejó. Meses más tarde cuando ya te destrozó el corazón entonces piensas: "ahora sé por qué lo dejaron, es que es un patán."

Queremos andar remendando, sanando y corrigiendo penas que ellos solitos se buscaron. Creemos, equivocadamente, que al sanarlos nos valorarán, nos amarán y permanecerán a nuestro lado para siempre. Nos sometemos a martirios innecesarios. Escuchamos historias que no nos corresponde escuchar. Les hacemos la vida más placentera, dándoles las armas adecuadas para levantarse, mientras ellos, a cambio, acaban con nuestras propias vidas. Nos conformamos con recibir dolor, lágrimas, sufrimientos, vergüenzas y traición. Nos esforzamos inmensamente por mejorar sus vidas para que otras se lo disfruten, ya mejorado.

Es por eso que te invito a que te detengas. Detente ante el afán de tratar de reeducar, guiar y cuidar. Primero reedúcate, guíate y cuídate tú. Cuando lo hagas, llegará alguien a tu vida que no va a necesitar ser reeducado ni guiado, sino que estará listo para ofrecerte lo mejor de sí. En una ocasión escuché de alguien la frase: "nunca des un cheque en blanco", refiriéndose a mi vida. Debo confesar que jamás olvidaré esta frase. Sin embargo, en el pasado olvidé aplicarla a mi propia vida y lo pagué con mucho dolor. Me atrevo a decir más, ahora esta frase la visualizo de una forma diferente.

No visualizo mi vida como un cheque sino como un banco. El banco tiene una estructura arquitectónica impresionante, es hermoso tanto en su exterior como en su interior. Tiene hermosos jardines en los cuales mucha gente se deleita mientras realiza sus transacciones. Todo armoniza perfectamente, al punto que muchas personas toman ideas de su estructura y sus jardines para adaptarlos a su propio entorno. Por dentro este banco es aún más impresionante, tiene una decoración sofisticada y lujosa. Todo tiene un orden específico.

La eficiencia de este banco es muy reconocida, por lo cual muchas personas desean trabajar allí, pero solo un grupo selecto es escogido para trabajar en él. Es un banco que genera muchos activos diariamente y tiene un valor incalculable. ¿Crees que este banco debería arriesgar todo lo que tiene por dedicarse solo a un posible cliente? ¿Se debería correr este banco el riesgo de quebrar y perderlo todo, tan solo por alguien que no tiene activos en su banco? ¿Qué opinas? Me imagino que contestaste que no. Pues ésto es exactamente lo que hacemos nosotras al dedicar nuestros esfuerzos, nuestros dones y nuestra vida entera a complacer y sanar al patán que está a nuestro lado. ¡Basta ya!

¡Date tu lugar! Muchos, (aunque no lo creas o no te has dado cuenta porque estás ciega por tu patán), darían todo lo que tienen porque tan solo le dieras una mirada. Se desviven por al menos tu amistad, mientras tu desperdicias y rechazas todo por alguien que solo desea llevarte a la bancarrota emocional, espiritual y física.

Más adelante veremos las razones por los cuales los patanes se lucran de tus dones para poder sobrevivir. Mientras tanto recuerda que puedes superar ésto; puedes modificar este patrón dañino que has permitido en tu vida hasta ahora. Dedícate a pasar tiempo con personas que nutran tu espíritu, que añadan activos a tu vida sin causarte más heridas. No es tu responsabilidad sanar las heridas de los patanes. No confundas el amor con la anulación de tu propia existencia por sanar a otros. Para ayudar a sanar están los psicólogos. Ni los psicólogos están supuestos a sanar las heridas de su pareja, menos tú que necesitas sanar también. No estás para obras de caridad, ni consultas gratis. No es tu responsabilidad resolverle la vida a nadie.

No importa cuán "lastimado" el patán esté, no es tu responsabilidad curar sus heridas y dejar tu individualidad para convertirte en su mártir. Hay muchas terapias, tratamientos y profesionales adiestrados para lidiar con estas situaciones. Ya te han herido demasiado como para echarte tú solita esta pesada carga. Un corazón destrozado necesita sanarse, no andar tratando de remendar a otros.

Sana primero tú, mímate y acaríciate con ternura. No te ataques, ni te mutiles. Cuídate, no te expongas a recibir más heridas. Dale tratamiento especial a tu mente, espíritu y cuerpo. Date tiempo para sanar completamente. Preocúpate por ti primero, que ya hace tiempo olvidaste hacerlo, por dedicarte a sanar heridas que no son tuyas.

* ❖ **Somos demasiado confiadas**
  Como si fuera poco y ya no hubiésemos dado demás, ahora también le hacemos el camino demasiado fácil a los patanes. Somos muy crédulas. Cuando el patán llega tarde "por causa del trabajo", no investigamos. Cuando el patán nos falla en algún compromiso por una "situación familiar", lo damos por cierto ciegamente. Cuando su camisa está manchada y el alega que es tinta, nos mentimos aún sabiendo nosotras que es lápiz labial.

Hay sucesos que son obvios y a éstos le damos la espalda. En los sucesos que no son tan obvios, (pero dudosos), no indagamos, ni buscamos evidencia. Lo mismo nos sucede cuando el patán se nos acerca y nos presenta toda su pantalla de "chico ideal" y sus "múltiples dones", no corroboramos la veracidad de éstos. Por no dudar ni estar alerta dejamos de ver que en realidad su vida es sólo una pantalla de humo. Su vida no es otra cosa que mentiras, verdades a medias, muchas exageraciones y fantasías. Nos tragamos sus mentiras y damos por garantizado todo lo que nos dice.

No podemos darnos el lujo de estar idiotizadas y perdidas en el espacio. Tenemos que escuchar y analizar todo. Observarlo todo: sus actos, sus amigos, sus lugares preferidos, cómo te habla y cómo se comporta. ¿Cómo se refiere a ti cuando te habla? ¿Cómo te apoda? Indaga, averigua que lo motiva a llamarte de la forma en que lo hace. Investiga su vida, sus costumbres, sus gustos, sus experiencias pasadas y no te sientas mal por ello, pues ellos también lo hacen sin tú darte cuenta. Tienes que estar atenta en todo momento y en todo lugar. No asumas que ya lo conoces y sabes todo sobre él y que vivirás feliz para siempre. Recuerda, que éste podría tener intenciones de ser el próximo que te lastime y tienes que anticiparte a tomar precauciones para que esto no te vuelva a ocurrir. No asumas la actitud de que todo está bien. Asume más bien la actitud de que no le conoces; es un extraño y tienes que cuidarte. Tú vales mucho y mereces lo mejor de lo mejor. Tienes que estar convencida de ésto, si tú misma no lo crees, siempre recibirás menos.

Para mantener a los patanes alejados de tu vida investiga hasta la saciedad. No importa cuánto tiempo te tomes, no te apresures. Si realmente tu nuevo prospecto vale la pena y te valora, esperará. Descubre las verdaderas intenciones de todo el que se te acerque y muestre interés en ti antes de tomar cualquier decisión que te comprometa. Conoce lo más que puedas de él antes de involucrarte y salir herida.

❖ **No consultamos con Dios**

Como había mencionado antes en el libro, nuestras peores decisiones se deben a que pedimos orientación y apoyo en seres humanos como nosotros. Pedimos consejos a personas que están limitadas, estancadas o cautivas de sus propios problemas y afanes. Son personas que no pueden lidiar con sus vidas, pero pretenden resolver la nuestra. Mortales, limitados en espacio, tiempo y conocimiento. Sin embargo, la fuente de todo conocimiento y que no tiene ningún límite; no es consultada. Descartamos a quien realmente es conocedor de todas las cosas. Descartamos a Dios.

Si tan siquiera pidiéramos algunas señales y dejáramos la decisión en manos de Dios, tendríamos aciertos y no tristezas y pesadumbres.

Dios conoce todas las cosas y nos conoce mejor que nosotras a nosotras mismas. Dios nos hará saber lo que nos conviene y lo que nos va a perjudicar, si colocamos nuestra fe y confianza en Él. Sólo confiando en Él encontraremos la paz que necesitamos y evitaremos tantas heridas innecesarias. No tienes que pertenecer a ninguna religión, tan solo háblale a Dios como a tu amigo y verás los inmensos cambios en tu vida.

❖ **Damos por sentado que todos tienen buenas intenciones para con nosotras**

Este es un error que cometemos una y otra y otra vez. Como nuestras intenciones son buenas, no pensamos en que otros piensan diferente y pueden querer hacernos mal u obtener beneficio de nosotras. Esta característica está relacionada con ser demasiado crédulas. Pasamos por alto que hay mentes maquinadoras porque vivimos en una caja de cristal que creemos inquebrantable. Esta ingenuidad, nos hace blanco fácil de los patanes. Éstos hacen jugadas frente nuestras narices y nosotras no las podemos percibir, porque creemos ciegamente todo lo que nos fingen. Además de no captar los hechos tal cual son (por lo ingenuas que somos), súmale que estamos idiotizadas de amor por ellos.

Para prevenirnos de los patanes tenemos que empezar a tener una mente "criminal" y maliciosa, igual que los patanes. Solo conociendo al enemigo y pensando como el enemigo podemos prepararnos para combatirlo. Tenemos que ser más maliciosas. ¡Sí, muy maliciosas!

Las mujeres que han tenido éxito en sus relaciones, han sido muy, muy maliciosas. Cuando nosotras estamos conociendo a los patanes dejamos de compartir e interactuar con otras personas, especialmente con personas del sexo opuesto. Mientras la maliciosa pensaría, "solo lo estoy conociendo, por eso no me involucro ni me emociono", "aún no confío en él, tal vez sea algo pasajero, así que continuaré compartiendo con todas mis amistades y seguiré mi vida normal."

❖ **Dependemos de la aceptación de otros**
Una falla mortal es tomar decisiones en base de la aceptación y sugerencia de otros. Eres suficientemente inteligente para tomar tus propias decisiones, sino, no estarías leyendo este libro. No necesitas que alguien externo domine y tome el control de tu vida. Puedes

escuchar e investigar, pero no escuchar y someterte a todo lo que te digan. Sé tú misma. Piensa, analiza y toma tus propias, bien pensadas decisiones.

Analiza fríamente tu situación y siempre que tomes una decisión hazla a favor y en beneficio tuyo y no a favor y en beneficio del patán.

❖ **Por el temor al abandono no establecemos nuestros límites**
Si has dejado pasar por alto situaciones embarazosas e incómodas, solo para que tú patán no se aleje, éste es el primer gran error de tu vida. Antes de toda relación debes conocerte bien y saber definidamente qué aceptarás y que no.

Cuando estés compartiendo con alguien no cedas a las reglas que te has establecido. No aceptes lo que consideras una falta de respeto o que no esté dentro de tus parámetros de tolerancia y aceptación. No cambies y dejes de ser lo que eres por complacer a un patán y evitar así que se vaya y te deje por otra. Los patanes aunque todo esté perfecto y a pesar de todas las complacencias que tengas para con ellos, se irán de todas formas, está en su naturaleza. Recuerda, él no es un hombre, es un patán; no cedas.

❖ **Los patanes necesitan un propulsor temporal**

Los patanes estudian a sus víctimas, las utilizan un rato y luego se van, pero además los patanes están acostumbrados a no dar ni recibir amor. El patán reconoce que aunque no eres perfecta, eres maravillosa y querrá disfrutar de tus dones al máximo sin involucrarse para sacar lo más que pueda de ti. Es por esto que finge, miente, pretende y exagera. Nublará tu entendimiento para utilizarte y salir de tu vida a toda prisa. Necesita tu apoyo y fortaleza emocional, física y espiritual para recargarse él mismo.

Los patanes en síntesis son poca cosa. Más son las exageraciones, mentiras, manipulaciones y fingimientos que su integridad. No pueden por sí solos ser luminarias perdurables. Necesitan estar en constante robo de identidad, energía e impulso de verdaderas luminarias, como tú. Es por esto que te lastimará. Eres tú quien le da valor y fuerzas cuando no las tiene. Cuando está temeroso e indeciso, le das las armas necesarias y tan pronto se siente fuerte y "auto suficiente", huye a despilfarrar lo que adquirió de ti.

Los patanes nos lastiman porque proyectan sus debilidades, ineficiencia y defectos en nuestras vidas. Descargan en nosotras sus actitudes para debilitar nuestra mente y nuestro espíritu. Creemos en ellos, les inyectamos de virtudes para conseguir su amor y nos convertimos en sus propulsores temporales. Como consecuencia, terminamos agotadas por el esfuerzo. Con su proyección los patanes logran entenebrecer nuestra mente para que enfoquemos nuestros esfuerzos en ellos, pasándoles nosotras nuestras fortalezas y dejándonos ellos sus debilidades. ¡Qué bien!

Esto es una cadena, una cadena muy viciosa, peligrosa y dañina para nuestra salud emocional. Los patanes nos hacen depender de lo que ellos desean, quieren y anhelan. Cuando sus críticas y exigencias nos hacen débiles y susceptibles, nos dejan. Los patanes son sumamente inseguros, aunque tratan de demostrar lo contrario. Dependen de las apariencias de sus amigos y cómplices. Los patanes escuchan y se someten a sus amigotes y lo mismo hará contigo pero a la inversa. Él te someterá y te dominará.

Los patanes necesitan nuestros estímulos y halagos constantes, para mantenerse funcionando.

Nos buscan como refugio a su temida soledad, pero fácilmente nos buscan defectos para salir huyendo, por temor al compromiso. Si hay algo que los patanes no perdonan es que hayas descubierto su verdadero yo. No perdonan que te des cuenta de lo magnífica que eres y lo poca cosa que es él, ésto los destruye emocional y psicológicamente. Cuando ya ha consumido tus virtudes para poder llenar su vacio y tener con qué aparentar ante los demás, se aleja y te da el golpe mortal. Al permitirle verte herida de muerte, le das las armas necesarias para que te destruya. Te quiere destruida para que te falte el valor, la fuerza emocional y espiritual para revelar su verdadero yo a otros. De esta forma se asegura de que permanezcas callada, sin atacarle. Los patanes al no poder con la pesada carga de saber que obraron mal, buscan doblegarte y hacerte creer que eres poca cosa. Preferirán tenerte rendida a sus pies y conseguir su victoria.

Capítulo 4: ¡Patéalo!

Tal vez te preguntarás, ¿por qué patear al patán de mi vida y no sacarlo? ¡Excelente pregunta! Para mujeres como nosotras que hemos amado y entregado demasiado, sacarlo no es suficiente. Luego de haber estado con un patán y de aguantar humillaciones, comparaciones, desprecios, infidelidades y mucho más, sacarlo no es suficiente. Has tratado de sacarlo anteriormente de tu vida y no ha dado resultado. Después de todo lo que el patán te ha hecho, siempre buscas excusas y razones falsas para seguir a su lado permitiéndole dañarte aún más. Has sido demasiado suave, generosa y dulce con el patán que te ha destruido el corazón ya cientos de veces. Cada vez que el patán te hace otra herida, buscas remediar la situación, herirte a ti misma con acusaciones, exigirte más, cambiar aún más para tratar que la relación funcione. ¡No más! Basta de lamentarte, mutilarte, acusarte o herirte.

Luego de todos los sufrimientos que tu patán te ha causado, lo menos que debes pensar es en continuar lamentándote y lastimándote. Espero que al haber leído este libro puedas tener el conocimiento necesario para reconocer cuándo tienes un patán al frente. Deseo que este libro te haya dado las herramientas necesarias para no tan solo saber cuando estás conociendo a un patán, sino también para huir inmediatamente de su lado y no volver a caer en el mismo error que ya te ha lastimado antes. Quisiera que utilizaras el libro como referencia para cada vez que alguien llegue a tu vida repases las características de los patanes que te he descrito y te mantengas alerta. Con esto no quiero decir que dejes de vivir y disfrutar, pero si deseas ser feliz deberás ser precavida y no tomar riesgos innecesarios dando todo por bueno y perfecto.

Muchas veces nosotras nos dejamos ir por las nuevas sensaciones y obviamos las señales que saltan tan evidentemente. Preferimos ignorar las señales de alerta, para forzarnos a estar en una relación que anhelamos, pero que en realidad no existe. Más tarde lamentamos profundamente el no haber atendido estas señales.

No tienes que tocar fondo nunca más. Para ser amada y valorada no tienes que ser humillada, maltratada o usada. Si tomas consciencia de las señales, tendrás la herramienta más poderosa en tus manos y estarás en control de tu vida. Al mantenerte en control en todo momento, estarás controlando tus sentimientos, tus acciones y dirigiendo por un buen camino tu nueva relación. Cuando me refiero a que estarás en control, significa que estarás consciente y alerta en cada paso que des, sin dejarte mover como hoja que lleva el viento. Tendrás voz y voto y te valorarás a ti misma.

Cayendo una y otra vez en el mismo tipo de relación enfermiza con los patanes, no podrás lograr nada de esto. Los patanes, como ya has aprendido a lo largo del libro, solo te drenan y absorben toda tu energía y virtudes para alimentarse ellos, como parásitos. Para terminar de sanar y renovarte, luego de que has sobrevivido a tu patán, deberás evitar volver a caer en brazos de otro. Si ya has sanado de tú último patán, te felicito, pero entonces no debes darte el lujo de ser lastimada y utilizada otra vez. ¿No te ha costado ya demasiadas lágrimas y sufrimientos el reponerte? ¿No ha sido ya bastante doloroso y devastador tratar de recuperar tu vida?

Cuesta demasiado volver a tener las piezas de tu vida en orden y levantarte victoriosa luego de tantos atropellos. Mientras tratas de reponer los daños que tu patán te causó: Analízate, ¿Volverás a dejarte lastimar? ¿Dejarás que te utilicen, te comparen, te usen y se burlen de ti como los patanes lo hicieron en el pasado? ¿Permitirás que tomen de ti lo mejor y lo utilicen a su antojo y sin medida? Espero que hayas respondido a todas estas preguntas con un "NO", muy grande y firme. Si aún tu "No", ha sido débil, te recomiendo que te leas este libro nuevamente y recuerdes por todo lo que has pasado ya.

Tan solo cierra tus ojos y transpórtate a cada uno de los eventos que más te lastimaron, no para que te recrimines, sino para que te sirvan de alerta, para alejarte a toda prisa de cualquier tipo que dé señales de ser un patán. ¡Valórate! ¡Valórate! ¡Valórate! ¡Nadie, después de Dios, puede amarte y cuidarte más en esta tierra como lo haces tú misma!

¡Qué tragedia sería que seas tú, tu primera enemiga y traidora! ¡Ámate, respétate y perdónate! Sólo así serás lo suficientemente fuerte para mantenerte firme y decirle que no a los patanes que te pasen por el frente. Cuando comiences a romper con la rutina enfermiza de prestarle atención a los patanes y no permitirles que entren a tu vida, estarás abriendo las puertas para que un verdadero hombre llegue a tu vida. Dejarás el camino limpio de estorbos para que un verdadero hombre pueda valorarte y amarte. Sin embargo, debo advertirte que esto no sucederá de la noche a la mañana. Mi madre me ha dicho muchas veces que "el diablo siempre da primero" y ésto es muy cierto. La vida te traerá pruebas. No una, ni dos, no, serán varias pruebas para probar si estás lista para lo mejor.

Cuando te ames, te valores y no estés desesperada por caer en otra relación, verás grandes resultados. ¡Cuando tengas tu vida en tus manos, en control, verás grandes progresos! Cuando saques a los patanes de tu camino y hayas aprendido de tus experiencias pasadas, llegará el hombre que has deseado. Ese hombre no va a ser perfecto, tal vez no sea tu tipo, pero lo mejor de todo, no será un patán. No te mutilará para tratar de engrandecerse. No te mentirá para obtener ventaja. Ni te engañará para lograr sus objetivos egoístas. No te comparará, porque te valorará por quién eres, con tus defectos y virtudes. No será perfecto, pero estará dispuesto a hacer ajustes en su vida para tener una vida de pareja exitosa contigo. Te lo repito nuevamente, no será perfecto, pero sus virtudes van a ser más que sus defectos. Quizás ronque, sea un poco desorganizado o tal vez no tenga el cuerpo perfecto, pero será amable, dulce, atento y sincero. Se esforzará por mejorar aquellas cosas que te incomodan. No te disminuirá ni te lastimará, por el contrario, admirará tus cualidades y las apreciará.

La única forma en que podrás tener una vida saludable y próspera, será dándole totalmente la patada a los patanes. Ni te molestes en escuchar sus baboserías, ni sus cuentos. No tienes que ser dulce, ni complaciente con los patanes. ¡Que lo único que los patanes reciban de ti sea, tu indiferencia, seguido por un "No" rotundo y finalmente la patada más grande de la historia!

Capítulo 5: ¿Cómo sanar cuando un patán nos ha lastimado?

Cada vez que terminaba con un patán, me sentía totalmente confundida, adolorida y devastada como para continuar. Cuando me encontraba herida y desesperada, buscaba alguna idea para armarme de valor y reconstruir mi vida de nuevo. Sabía que no encontraría una receta mágica para liberarme del dolor y los daños sufridos, pero al menos deseaba tener algunas ideas realistas por donde comenzar.

Me sentía tan vacía y aturdida que se me hacía casi imposible pensar que había futuro para mí. Nada tenía gusto, olor o sabor en mi vida. Parecía que vagaba por el aire sin rumbo alguno. Los cambios de humor eran siempre la orden del día. En aquel momento lo más que necesitaba y anhelaba era encontrar alternativas para salir del abismo en el cual estaba sumergida. Sin embargo, a mi alrededor solo encontraba respuestas genéricas: "todo va a estar bien", "no te preocupes", más adelante vive gente", "esto va a pasar", entre otras cosas. ¡Ya sabes! Lo que todo el mundo dice, cuando realmente no saben qué decirte. Ninguna de estas cosas, era lo que quería escuchar. Estaba demasiado dolida y necesitaba algo que me aliviara desde lo más profundo. Los que me daban consejos no habían pasado por lo que yo estaba pasando. Nadie a mi alrededor sabía realmente como me estaba sintiendo.

Busqué desesperadamente en las librerías algún libro que me ofreciera algunos consejos que me pudieran sacar del abismo donde me encontraba, pero tristemente solo encontré más de lo mismo. Al no encontrar nada que me aliviara las heridas profundas tuve que aprender a fuerza de golpes y más golpes. No deseo que pases por lo mismo y mucho menos que pienses que no hay esperanza.

A continuación te ofrezco todas las herramientas que utilicé para sanar cuando los patanes me habían lastimado. Puedes escoger las que más te gusten y se ajusten a tu estilo de vida. Sin embargo, si las combinas todas tendrás mejores resultados. ¡Comienza a sanar!

- ❖ **Descansa** – Todo el mundo se empeña en que tenemos que actuar y no decaer. Todos te aconsejan que te mudes, cambies de trabajo, cambies el color de tu pelo, vayas a un spa, busques un psicólogo o consejería, entre otras miles de cosas. Yo te aconsejo que no hagas nada de lo anterior, especialmente esas primeras veinticuatro horas. Notifica en tu trabajo que necesitas el día libre por razones personales. Luego, apaga tu celular y quédate en tu casa. ¡Alto! No estoy diciendo que vas a encerrarte en tu casa por semanas, olvidándote de que tienes una vida. ¡No! Sólo esas primeras veinticuatro horas, permanece tranquila, en el lugar más seguro y tranquilo que encuentres, que espero pueda ser tu hogar. Si no lo es, trata de conseguir un lugar apacible en el cual puedas descansar y estar segura. Tal vez una playa o un "resort."

Me imagino que te preguntarás: ¿por qué quedarme en casa esas primeras veinticuatro horas? Digamos que es un lapso de tiempo para desconectarte de todo. En estas primeras veinticuatro horas, nosotras las adictas a los patanes, cometemos los peores errores. En estas horas tenemos una fuerte conexión entre la idea de que todo terminó y de que estamos tomando la peor decisión de nuestra vida, lo cual no es cierto. Sólo quisiera que al encontrarte vagando en tu propio espacio, no le des a nadie el gusto de verte devastada.

Durante este tiempo es vital que te quedes sola; no para lastimarte, ni comenzar a llamar al patán, sino para que descanses. Date la oportunidad de descansar, de que tu cuerpo se sincronice con tu mente para que puedas pensar claramente y recuperes fuerzas para enfrentarte a tu nueva vida. Si prefieres, puedes notificar a algún familiar o amigo cercano (de tu confianza), que estarás descansando y que necesitas estar a solas sin ser interrumpida. ¡De seguro comprenderán!

Antes de irte a descansar, prepara un baño de agua tibia o quédate un buen tiempo debajo de la ducha relajándote y tranquilizándote. ¡No pienses en nada, ni en nadie! Transpórtate y trata de concentrarte y escuchar los latidos de tu corazón y tu respiración. En silencio, cierra tus ojos y disfruta del contacto del agua tibia con tu piel. Si puedes colocarle aromas al baño o al agua o utilizar un jabón perfumado que te relaje, mucho mejor. No tengas prisa al darte el baño, no salgas de la ducha hasta que te sientas bastante calmada para que puedas preparar tu cuerpo y tu mente para el descanso.

Al salir de la ducha, aplícate una crema de olor suave y relajante. Utiliza la ropa de dormir que más cómoda te quede. Luego ve directo a la cocina prepárate un té o una bebida caliente y reconfortante o algún suplemento natural para relajarte. Si no te gusta tomar té, toma mucha agua para que te hidrates. ¡No tomes pastillas para dormir! ¡Ahora, vete a descansar!

* ❖ **¡Llora y pataletea!** – Todas las que hemos pasado por la experiencia de patear a los patanes sabemos que un baño de agua tibia no es suficiente para sentirnos totalmente bien. Por eso, luego de descansar esas primeras veinticuatro horas aún estarás aturdida y desorientada. Te asaltarán los deseos de llorar repentinamente. Es entonces cuando mucha gente te dirá que no llores y muchas otras bobadas. ¡Yo te aconsejo que llores y pataletees! Si tienes que meterte a la ducha otra vez o encerrarte en tu cuarto a llorar y gritar, házlo. No hay nada más reconfortante que liberar los sentimientos reprimidos.

Las heridas en el alma necesitan ser tratadas como las heridas en la piel. Cuando sufrimos una herida y está sangrando, es necesario limpiarla y remover cualquier partícula que le haya caído dentro. Luego que está limpia aplicamos presión para detener el sangrado. Una herida no puede sanar si no está limpia y si no se le han dado los debidos cuidados. Llorar y sacar ese dolor no tiene nada de malo, es un proceso muy normal y necesario para la sanación.

* ❖ **¡Habla, habla, habla!** – Exteriorizar lo que sientes es una parte esencial del proceso de sanación. Si tienes una amiga, amigo o familiar de tu entera confianza, explícale por lo que estás pasando. Inclusive, si es posible pídele a esa persona que se convierta en tu apoyo. Déjale saber que lo único que necesitas es alguien que esté dispuesto a escucharte cuantas veces sea necesario, aunque no diga ni media palabra. ¡Cuidado! No vayas a escoger alguien que esté pasando por una situación similar o que esté pasando por una situación peor. Necesitas alguien que haya sanado, no que te use para descargar sus frustraciones y proyectar sus angustias. ¡Sé selectiva! Si no tienes a nadie de confianza y que pueda escucharte abiertamente sin juzgarte, criticarte o forzarte a sanar, entonces te recomiendo que escribas todo lo que sientes. Cuando hayas descargado todo lo que sientes en ese papel, tritúralo y desházte de él. Puedes comprarte una mascota o un peluche y dirigirte a ellos, hablarles como si

te escucharan. Puedes buscar un consejero profesional o algún ministro que esté dispuesto a escucharte. ¡No te estoy diciendo que vas a estar así toda la vida! ¡Tampoco pienses que estoy loca! Tienes que exteriorizar tus sentimientos hasta la saciedad y la mejor forma es hablar, hablar, hablar.

❖ **Lee libros devocionales** – Cada mañana al despertar lee al menos un pedacito de algún libro devocional de tu predilección o tal vez la Biblia, si gustas. Subraya las partes que más te reconfortan. Haz copia de las palabras que te dan más aliento e inspiración. Pégalas en algún sitio visible y que frecuentes constantemente. Puedes tener algunas en la puerta de tu refrigerador, en el monitor de la computadora, en la puerta de tu habitación u oficina y en todos los lugares que creas necesarios.

Cuando finalicé con el ciento por ciento patán de mi ex, estaba decidida a que no permitiría que nadie más me volviera a lastimar. Había decidido hacer una restauración total de mi vida. Sin embargo, para hacerlo, necesitaba muchas palabras de aliento y refuerzo. Tenía mensajes positivos y pasajes bíblicos en todos los lugares que más visitaba, incluso hasta en mi monedero. Para sanar necesitas personalizar las estrategias de sanación y utilizar tu ingenio para ajustarlas a tu estilo de vida y necesidades.

* ❖ **Analiza tus cambios** – El proceso de sanación, es un proceso lento. No muestra grandes cambios de la noche a la mañana, pero durante el proceso puedes ver pequeños cambios que te van indicando que vas por el camino adecuado. Luego de haber terminado con tu patán es normal sentirte en devastación total y atrapada en una oscura tempestad pues el patán te ha drenado. Sin embargo, si analizas bien tus estados de ánimo, podrás notar que tu mente y cuerpo están respondiendo positivamente a tu recuperación. Como te mencioné anteriormente, no esperes grandes cambios instantáneamente, los pequeños cambios te guiarán a una grandiosa trasformación. Para darte cuenta de los pequeños, pero firmes pasos que vas dando, necesitas tener momentos a solas y en silencio. Puedes visitar un parque, sentarte frente al mar, un río, un lago o simplemente recostarte un rato

en tu cama. Con los ojos cerrados analiza objetivamente desde las primeras veinticuatro horas hasta el día de hoy. Incluso, escribe todo lo que sientes desde el primer día y observa tu progreso. Compara ambas circunstancias no para criticarte y lamentarte, sino para que te des cuenta de cómo has mejorado.

Tal vez en esas primeras veinticuatro horas pensabas que el mundo te había caído encima y quizás aún hoy, todavía no te sientes recuperada completamente, pero al menos no estás flotando vagamente en el aire. Las señales de orientación y de menos aturdimiento son buenos indicativos. Éstas expresan que estás consciente de lo sucedido y en pie de lucha. No significan sanación total pero son los ingredientes necesarios para encaminarte a un nuevo enfoque en tu vida.

❖ **Haz algo que no hayas hecho nunca** - Durante el tiempo que tengas para pensar, identifica algo que no hayas hecho antes y que te gustaría lograr. Tal vez viajar, comenzar un nuevo negocio, coleccionar algo, estudiar, pertenecer a alguna organización, entre otras cosas. La lista puede ser interminable, lo importante es que sean actividades alcanzables para que no te frustres. Colócale título a tu lista y divídela en planes a corto, mediano y largo plazo. Para cada una de ellas, establece las cosas que tienes que ir haciendo para llegar a lograrlas. Por ejemplo: si quieres viajar, establece tu destino, haz una pequeña búsqueda y calcula más o menos cuánto dinero necesitarás. Determina un tiempo aproximado en el que quieres realizarlo y comienza cada día a aportar pequeñas cantidades para alcanzar tu objetivo. No trates de hacer grandes movimientos, porque estás en un proceso de sanación en el cual aún estás muy sensible y frágil. Si te apresuras a dar grandes pasos puedes frustrarte, tomar malas decisiones y hasta empeorar tu estado emocional aún más.

Todo paso que des tiene que ser bien estudiado en calma, bien pensado. Lo más importante es que estás siendo proactiva. Estás tomando el control de tu vida nuevamente, pero sobretodo preparándote para un futuro más estable, estás madurando y sanando progresivamente. Ahora que ya tienes planes nuevos en los cuales ocuparte, el tiempo pasará casi sin darte cuenta.

❖ **Cambia tu número de teléfono** - Con un buen descanso, un buen devocional y nuevos planes para tu vida, lo único que no encaja es el repertorio de fantasmas que llevas en tu teléfono. Borrar los números de tu patán no es suficiente. ¡Debes cambiar tu número de teléfono! Cada vez que estaba en el proceso de sanar, mi proceso de sanación era interrumpido por la llamada o los mensajes de mi ex patán y de sus fantasmas. Esa desconcentración provocaba un atraso en mi proceso. Regresaban los pensamientos y recuerdos negativos.

Es necesario que cambies tu número de teléfono, incluso tu cuenta de e-mail. No guardes ninguno de los números de tu patán para que no sientas la tentación de caer a sus pies llamándolo o dejándole mensajes. Mientras más desconectada estés de todo lo que sucede con tu patán, más ideas y fuerzas tendrás para concentrarte en tus nuevos proyectos.

❖ **Reorganiza y redecora tu hogar** - Ahora que has dejado tu patán en el pasado y has comenzado a trabajar en tus nuevos proyectos, necesitas tener un ambiente agradable, de relajación y tranquilidad y que te inspire nuevas ideas. Para redecorar tu hogar, no necesitas invertir grandes cantidades de dinero o comprar cosas nuevas. Puedes cambiar los motivos y decoraciones de tu hogar de posición o de lugar. Intercambia los accesorios que antes usabas en una habitación a diferentes habitaciones. Si cuentas con el dinero puedes cambiar el color de algunas de las paredes o de tus sábanas. Sin embargo, no trates de hacer todos los cambios al mismo tiempo. Toma una habitación a la vez.

Prepara las habitaciones a tu gusto y elimina de ellas cualquier recuerdo de tu patán. Hasta puedes comenzar por redecorar el lugar que más disfrutaba tu patán. (Será divertido cambiar todo lo que le gustaba). Opta por colores claros y alegres. Permite que la luz natural ilumine las habitaciones y que circule el aire constantemente. Para que fluya la energía positiva, mantén las habitaciones organizadas y añádele plantas naturales. Habilita los espacios de acuerdo a tus necesidades, tu estilo de vida y tus nuevos proyectos.

❖ **Visita alguna iglesia** - ¿Cómo sanar si no tenemos al Médico de los médicos? ¡No hay proceso de sanación permanente si Dios no está incluido entre nuestros planes! Como te había indicado antes, no tienes que pertenecer a ninguna iglesia, ni ser una fanática, pero sí sería muy positivo que escuches palabras de aliento con un enfoque espiritual. Sé selectiva, no escojas una iglesia que te abrume y te cargue más con sus reglas, tabúes y prohibiciones. Elige una iglesia que te proporcione las herramientas para complementar tu sanación.

Puedes preguntar por recomendaciones, pero solo visitándolas sabrás si tienen lo que necesitas. ¡Escucha tus instintos! ¡No te conformes con la primera iglesia que encuentres y si algo te incomoda o no te sientes a gusto, no te conformes!

❖ **¡Ejercítate y aliméntate bien!** - Ya que estás organizada, con nuevos propósitos y encaminada a alcanzar sanación espiritual; no puedes descuidar tu dieta alimenticia. Tienes varios componentes que están demandando muchas energías de ti. Estas variables como: patear a tu patán, encontrarte a ti misma, encaminarte a nuevas metas y restaurarte, requieren que estés fuerte y saludable.

El ejercicio, además de darte una hermosa figura y un cuerpo esbelto, es una excelente forma de liberar todas esas cargas negativas que habías acumulado con el patán de tu vida. El ejercicio promueve el buen funcionamiento de tu organismo y la eliminación de toxinas, justo lo que necesitas para mantenerte despierta, alerta, enfocada y recuperar tu autoestima.

En combinación con el ejercicio, una dieta balanceada te dará todas las fuerzas y recursos necesarios para ir embelleciéndote de adentro hacia afuera y creando cambios permanentes en tu nueva imagen. ¡Después de todo, eso es lo que queremos, cambios permanentes! ¡Esto no significa que ahora tengas que correr seis millas o practicar fisiculturismo! Sin embargo, sería conveniente que salgas a caminar por treinta minutos, al menos tres veces en semana o visites algún gimnasio.

Trata de eliminar las grasas, la cafeína, los refrescos, el cigarrillo y las bebidas fuertes. Bebe ocho vasos de agua o más al día. Consume mayores porciones de frutas, vegetales y alimentos ricos en fibra.

Aléjate de membresías costosas y de dietas rigurosas. Preocúpate primero por utilizar el ejercicio como medio de relajación y liberación de todos los sentimientos reprimidos. Luego más adelante, cuando tu cuerpo se haya acostumbrado a la rutina y esté más liberado, entonces puedes ir estableciéndote metas un poco más exigentes. ¡Mientras estás sanando el ejercicio será un buen complemento y un excelente apoyo para tu plan de sanación!

❖ **Renueva tu apariencia** - Ahora que has incluído en tu vida todos los elementos necesarios para sanar como se debe, desde el interior, es entonces cuando puedes determinar más claramente qué detalles de tu apariencia quisieras mejorar. Primero debes aceptarte como tú eres, como había mencionado antes. No te exijas cambios que no son reales. Muchas veces, no necesitamos hacer grandes cambios. A veces basta con un corte más juvenil, un tono de cabello más iluminado o con un maquillaje más refrescante para que nuestra imagen se transforme. Antes de hacer un cambio de imagen debes estar segura de lo que deseas. Consulta la opinión de diferentes profesionales. ¡No trates de hacer todos los pasos a la vez! Consulta para que los cambios que hagas le den mayor luminosidad a tu rostro y resalten tus atributos naturales. Elige cambios que estén dentro de tu presupuesto para que puedas darle el seguimiento apropiado y mantengas tu nueva imagen. Luego de algunos cambios te sentirás más a gusto con tu apariencia y te proyectaras más segura.

❖ **Renueva tu ropa** - ¡Un cambio de imagen conlleva revisar tu guardarropa! Para que puedas proyectar tu nueva imagen, no tienes que desechar toda tu ropa ni gastar mucho dinero. Basta con que hagas combinaciones diferentes con la ropa que ya tienes. Saca la ropa de tu armario y colócala en tu cama. Te recomiendo que separes varias horas sólo para ésto. Usa ropa interior que favorezca tu figura y comienza a hacer combinaciones. Ten a la mano lápiz y papel para que vayas anotando las piezas que te hacen falta comprar para las combinaciones que vas haciendo, incluyendo los accesorios que necesitarás y la nueva ropa interior. Adopta la buena costumbre de combinar tu ropa interior con tu ropa exterior. ¡Utiliza lencería delicada, te sentirás mejor y más bella! Ropa íntima delicada y muy femenina deben ser parte de tu guardarropa aunque la uses sólo para verte tú misma. ¡Úsalas todos los días! ¡Sí, sólo para ti! Algunas mujeres tienen la mala costumbre de utilizar ropa sensual y delicada sólo para cuando van a tener sexo. ¡Error! ¡Tienes que sentirte sensual, delicada y hermosa todos los días contigo primero! ¡No olvides incluir en tu lista ropa de dormir, zapatos y carteras! No necesitas tener demasiadas cosas, solo piezas claves, que puedes variar con bastante ropa.

❖ **Sal de tiendas** - Luego de saber exactamente qué necesitas, llegó el momento para ir de compras. Primero, visita varios lugares para que compares estilos, precios y texturas. ¡No compres lo primero que veas! ¡Aléjate de las modas que no te convienen! No compres cosas solo para estar en "el último grito de la moda". No compres ropa que tengas que alterar o ajustar. Trata de mantenerte ceñida a la lista que ya preparaste. De esta forma ahorrarás tiempo y dinero. Manteniéndote enfocada en los artículos que identificaste podrás crear la imagen que tanto deseas, en vez de estar haciendo mezclas improvisadas.

❖ **Mímate** - Ya que has hecho tantos esfuerzos y estás haciendo lo mejor que puedes para sanar, debes de gratificarte. Tú, mejor que nadie, sabes qué cosas te hacen sentir gratificada. Tal vez un facial, un helado, o una blusa. Depende de tu personalidad y tus gustos. Identifica pequeños gustitos que no afecten tu presupuesto y mucho menos tu figura. Estos gustitos te los vas a dar de gratificación en algunas ocasiones especiales. Puede ser para los días en que te sientes más tensa o débil. O tal vez, para los días que lograste algunos de tus nuevos proyectos.

❖ **Sal a una cita contigo** - Por último, (pero no menos importante), periódicamente, date un perfumado baño, ponte tu ropa más sensual y arréglate para la cita más importante de tu vida. ¡La cita contigo misma! Elige un restaurante, el cine o algún otro lugar. ¡No están permitidas las barras, discotecas, ni nada por el estilo! ¡Recuerda es una cita! No sientas miedo de entrar sola al lugar. Pide tu bebida favorita y tu aperitivo, recuerda no tienes prisa. Tal vez al principio, te sientas extraña o notes que todos te miran con extrañeza, pero es parte del proceso acostumbrarte a tener una vida propia. Disfruta cada momento. Mientras esperas por la comida, cierra tus ojos y disfruta el momento. No devores la comida, disfruta cada bocado. Enamórate de ti misma y de la sensación de libertad. Apasiónate de tu independencia. Entusiásmate por conocerte a ti misma. Envuélvete en recuperarte día a día y elogiarte. Ya verás que pronto te acostumbrarás. Luego no podrás dejar de reservar en tu agenda las citas contigo misma.

Cada uno de estos consejos me ayudó a mí a sobrevivir el daño de todos los patanes que pasaron por mi vida. Sobrevivir a las heridas de los patanes, no es fácil, pero tampoco es imposible. El trabajo más arduo fue romper con el vicio de ser presa de los patanes, pero espero que hayas aprendido cómo no convertirte en víctima de los patanes nuevamente. Puedes utilizar y repetir estos consejos cuantas veces sea necesario, pero la decisión está en tus manos.

El precio a pagar por estar con un patán es demasiado alto, pero en tus manos está el poder para controlar esta situación. ¡Se firme y no des marcha atrás ni por un segundo! ¡Patea al patán de tu vida para siempre!